## Zu diesem Buch

Dieses Buch zeigt, wie man Vorschul- und Schulkindern bei der Entdeckung der Welt der Buchstaben helfen kann. Eine Vielzahl praktischer Spiele und anschaulicher Anleitungen werden für Eltern und Pädagogen angeboten.

HILKE C. HEIN ist Mutter von fünf Kindern und ausgebildete Lehrerin; 1989 promovierte sie über das Thema «Frühes Lesenlernen als Prophylaxe des Lesevergnügens» (Frankfurt 1989).

Hilke C. Hein

# Spielend lesen lernen

**Ein Lernbuch für Kinder, Eltern und Pädagogen**

Mit Zeichnungen
von Ernst Arnold Bauer

Rowohlt

rororo – Mit Kindern leben
Lektorat Bernd Gottwald

Umschlaggestaltung Peter Wippermann / Jürgen Kaffer
Illustrationen Ernst A. Bauer
(Foto M. Rosenfeld / G + J Fotoservice)

Originalausgabe
Veröffentlicht im Rowohlt Taschenbuch Verlag GmbH,
Reinbek bei Hamburg, Juni 1991
Copyright © 1991 by Rowohlt Taschenbuch Verlag GmbH,
Reinbek bei Hamburg
Alle Rechte vorbehalten
Satz Trump Mediaeval, PM 4.0, Linotronic 300
Gesamtherstellung Clausen & Bosse, Leck
Printed in Germany
980-ISBN 3 499 18810 4

# Inhalt

# Vorwort

In einem Zeitalter, in dem das Lesen immer wichtiger wird, hören wir plötzlich von Analphabeten in Deutschland! Trotz der Schulpflicht gibt es leseschwache Schüler, die nach der Schule das Lesen ganz verlernen. Eine Industrienation kann sich das nicht leisten – ganz zu schweigen von den Konsequenzen, die fehlende Lesekenntnisse für jeden persönlich haben.

Aber auch in der Schule ist es wichtig, gut lesen zu können, damit man sich in den anderen Fächern auskennt. Ein Leben ohne Lesefertigkeit ist kaum noch vorstellbar, wenn man sich umfassend informieren will und einen guten Beruf ergreifen möchte.

So soll dieses kleine Buch Leseschwächen vorbeugen, ausgleichen und Vorschulkindern, die schon Interesse am Lesen zeigen, die richtigen Spiele bieten.

Wenn Sie nur fünf Minuten täglich mit Ihrem Kind Lesespiele durchführen, wird es bald lesen können – oder es wird seine Schulleistungen im Lesen erheblich steigern können! Längst ist bekannt, daß Vorschulkinder ein natürliches Interesse an der Schrift zeigen. Außerdem hat die Lernpsychologie gezeigt, daß Kinder mit Spielen lieber lernen als mit den herkömmlichen Drillübungen. In diesem Buch finden Sie alles, was Sie brauchen, um Lesespiele selbst herzustellen. Ich habe außerdem eine Liste der im Handel erhältlichen Lesespiele zusammengestellt und meine Erfahrungen dazu beschrieben. Nebenbei mache ich Sie mit den verschiedenen Methoden zum Lesenlernen vertraut und auch mit der Theorie, die dahintersteht – allerdings liegt der Schwerpunkt des Buches auf der praktischen Anwendung.

Vielleicht machen Sie sich Gedanken, ob Sie als Eltern geeignet sind, solche Übungen durchzuführen? Zunächst handelt es sich hier nicht um Unterricht. Und das, was Sie wissen müssen, vermittelt Ihnen dieses Buch. Sie können keinen Fehler machen, wenn Sie sich an die Anweisungen halten. Überlegen Sie einmal, daß Sie der effektivste Lehrer für Ihr Kind sind! Sie haben ihm schon so viel beigebracht: das Sprechen, das Treppensteigen, das Essen mit Messer und Gabel ... In kurzer Zeit hat Ihr Kind von

Ihnen mehr gelernt, als es je in seinem Leben wieder lernen wird. Ihr Beitrag zur Erziehung des Kindes kann gar nicht hoch genug bewertet werden! Wenn also Ihr Kind Interesse am Lesen zeigt, ist jetzt genau der richtige Zeitpunkt, mit Lesespielen zu beginnen. Falls Ihr Kind dagegen Schwierigkeiten beim Lesenlernen in der Schule hat, eignen sich diese Spiele ebenfalls hervorragend, um die verlorengegangene Lust am Lesen über Spiele zu wecken und gleichzeitig zu üben.

Dieses Buch enthält alle Informationen, die Sie brauchen, und gibt Ihnen damit die Chance, die Ihr Kind verdient, um ein guter Leser zu werden.

# Einführung:
# Die meisten Kinder wollen lesen

Über das günstige Alter, zögerliche Eltern,
den geeigneten Zeitpunkt, den Spaß und die Vorteile
des frühen Lesens

In unserem Freundeskreis gibt es ein kleines Mädchen namens
Vivian. Ihre Mutter Claudia nimmt sie auch zum Großstadtbummel mit, und wenn sie der Hunger plagt, besuchen beide manchmal McDonald's. Schon mit zwei Jahren kannte Vivian das Firmenzeichen, und wenn sie mit ihrer Mutter durch die Stadt spazierte, zeigte sie jedesmal, auch bei anderen Restaurants dieser Kette, begeistert hoch und zwitscherte: «Mami, schau mal, ein McDonald's!» Claudia freute sich über ihre wachsame Tochter und fügte hinzu: «Der erste Teil, dort, die zwei Bögen nebeneinander, sind das Mmmmm von McDonald's.» So erreichte sie, daß Vivian nach einer Weile auch andere «M»s in ihrer Umwelt erkannte und ihren ersten Buchstaben kennenlernte. Für sie hießen zwar noch eine Weile alle «M»s ihrer Umgebung «McDonald's», auch wenn es das «M» vom Metzger war. Aber immerhin, sie kannte die entscheidenden Umrisse und konnte sie ohne Schwierigkeiten wiedererkennen.

Ein anderer Fall verlief nicht so positiv. Der fünfjährige Sohn eines Lehrers bat seinen Vater, ihm seinen Namen aufzuschreiben. Er fragte auch gleich nach den einzelnen Buchstaben und versuchte in den nächsten Tagen und Wochen, mit Zeitung, Bilderbüchern, Buntstiften und Fragen an seinen Vater mehr über die Schrift zu erfahren. Dem Vater wurde es jedoch allmählich unheimlich, denn als erfahrener Lehrer kannte er die Einstellung seiner Kollegen in der Grundschule, die eine homogene Altersgruppe mit den gleichen Kenntnissen wünschen. Also vertröstete er seinen Jungen auf später: «Warte, bis du zur Schule kommst.» Obwohl er als Lehrer dem Sohn das Lesen ohne Probleme hätte zeigen können; obwohl er wußte, wie wichtig die Vorschuljahre für die Förderung eines Kindes sind, bremste er die Neugier und das Interesse seines Kindes. Damit nicht genug: Die Eltern verschoben die Einschulung ihres Kindes auf das achte Lebensjahr, so daß er als einer der Ältesten in die erste Klasse kam. Vor zwei Jahren hatte er sein erstes Interesse am Lesen gezeigt, aber das war längst erloschen. Statt dessen meinte er, er könne wie bisher im Kindergarten auch in der Schule weiterspielen. Nichts nahm er ernst, er pfuschte und schlampte. Er paßte schlecht auf und blieb auch im Lesen zurück. Jetzt wiederholt er die vierte Klasse, da seine Leistungen für den Übertritt ins Gymnasium nicht reichten – schade. Armer Kerl. Hätte ihm diese «Karriere» erspart bleiben können? Ich meine ja!

Die beiden Kinder stammten aus Familien, in denen die Eltern studiert hatten. Oft wird behauptet, daß Frühleser *nur* aus solchen Familien stammen oder eben besonders begabt sind. Sie werden angeblich schon früher gefördert oder sogar «gedrillt». Daß das nicht stimmt, beweisen wissenschaftliche Untersuchungen, bei denen unter den gefundenen Frühlesern verschiedenste Begabungen, niedrige und höhere, vertreten waren. Wissenschaftliche Untersuchungen zeigen, daß ein grundsätzliches Interesse am Lesen bzw. am Eindringen in die Buchstabenwelt etwa ab dem vierten Lebensjahr besteht.

Aus der amerikanischen Literatur ist mir Arlene bekannt, das jüngste Kind unter dreien in einer armen Familie in Kalifornien. Arlenes Vater, ein Schwarzer, arbeitete in einer Reifenfabrik. Ihre zwei Brüder hatten beim Lesenlernen solche Probleme gezeigt, daß ihre Mutter eines Tages wagte, die Lehrerin zu fragen, ob sie nicht zu Hause mit den Kindern etwas üben dürfe. «Nein», war die entrüstete Antwort, «Sie kennen die richtige Methode nicht und verwirren die Knaben nur.» Aber nach einiger Zeit, als die Mutter merkte, daß sich die Lehrerin in einer Klasse mit 30 Kindern nicht ausreichend um ihre Söhne kümmern konnte, begann sie doch zu üben. Zu spät für die Jungen, denn sie blieben Legastheniker und wurden zu Analphabeten. Aber Arlene, die pfiffige Vierjährige, hatte etwas gemerkt. Da gab es etwas Interessantes – «Ich will auch

lesen lernen!» Und ihre Mutter schlug alle Warnungen und Emp-
fehlungen der Lehrer in den Wind und spielte mit Arlene das Lesen
– beim Spaziergang, beim Einkaufen, mit Klötzen, mit Lesespielen
– ganz nach Arlenes Wunsch und nur, wenn sie es wollte. Zu
Beginn der ersten Klasse konnte Arlene auf dem Niveau der zweiten Klasse lesen.

Aber sie gehörte zu den langsamen Lernern und stand am Ende
der sechsten Klasse auf dem Leseniveau der vierten Klasse. Trotzdem – sie hatte wenigstens lesen gelernt, im Gegensatz zu ihren
Brüdern. Hätten diese bei entsprechend früher Förderung das Lesen auch gelernt? Wenn man annimmt, daß alle drei ein ähnliches
Intelligenzniveau haben, könnte man diesen Schluß ziehen.

In anderen Ländern wird über das frühe Lesen gar nicht mehr
diskutiert.

In Großbritannien lernen die Kinder seit Jahrzehnten in den
Junior Schools alle Buchstaben und erste Wörter kennen. In Au-
stralien wurde vor kurzem das Lesen in den Vorschulen für Fünfjährige eingeführt. Diese Länder verfügen über positive Erfahrungen mit dem frühen Lesen und stützen sämtliche bisherigen Untersuchungen.

Und so sehen wir neben dem dreijährigen Chinesen, der wegen
der komplizierten Bilderschrift früh lesen lernt, den fünfjährigen
Amerikaner, der mit Buchstaben spielen darf, den sechsjährigen
kleinen Deutschen und den siebenjährigen Schweden, der noch
mit seiner emotionalen und sozialen Entwicklung beschäftigt ist
und daher erst mit sieben Jahren lesen lernen darf.

Stellen Sie sich einen verwahrlosten Stadtteil in einer größeren
Stadt vor. Falls Ihnen nicht gleich etwas Passendes einfällt, denken
Sie sich einfach mehrstöckige Häuser, zwar neu, aber primitiv
ausgestattet. Keine Fahrstühle, enge Treppen. Die Wände sind
beschmiert, eine Horde dreckiger Kinder spielt ohne Aufsicht –
d. h., sie streiten, schreien und demolieren das Gebäude und die
Umgebung. So oder ähnlich muß Maria Montessori den Stadtteil
San Lorenzo in Rom um 1900 vorgefunden haben, in dem arme
Familien wohnten. Da meistens beide Elternteile arbeiteten, blieben die Kinder ohne Kontrolle in den Gebäuden. Von dem Bau-
herrn, der daran interessiert war, daß die Bauten sauber und heil
blieben, erhielt Montessori dann das Angebot, ein «Kinderhaus»,
vergleichbar mit ihren heutigen Ganztagskindergärten, für die
verwahrlosten Kinder einzurichten. So baute Montessori in einer

Wohnung in San Lorenzo ihr erstes «Kinderhaus», in dem ihre Mitarbeiterin die ersten besonderen Lernspiele bereitstellte und die Kinder nach Montessoris Erziehungsidealen erzog. Die Erfolge waren enorm: Nach einiger Zeit wünschten die Kinder, lesen zu lernen, so daß Montessori ihr Lesematerial entwarf und ausprobierte. Später zeigten ihre zunächst zurückgebliebenen Zöglinge in der Schule viel bessere Leistungen als die «normalen» römischen Kinder. Das Lesematerial und auch die anderen Spiele werden in den Montessori-Kindergärten noch heute eingesetzt, und die Kinder sind nach wie vor begeistert. Aber nicht nur das besondere Lesematerial ist für uns wichtig, sondern auch die Beobachtungen, die Montessori als Ärztin mit peinlicher Genauigkeit angestellt und notiert hat. Sie war es ja gewohnt, exakte Daten über ihre Patienten zu sammeln, und schrieb alles auf.

**Die sensible Phase der Ordnung ...**

Wichtig für uns sind ihre Beobachtungen zur sensiblen Phase, die jedes Kind zeigt. Die sensible Phase zum Lesenlernen beobachtete Montessori zwischen dem vierten und sechsten Lebensjahr. Ihre Forschungen aus dem Anfang des Jahrhunderts decken sich mit vielen neueren wissenschaftlichen Untersuchungen und mit bekannten Tatsachen aus einigen englischsprachigen Ländern. Während z. B. die Rate der Leseversager in Großbritannien sehr gering ist (0,3%), haben die Schweden einen hohen Anteil von Legasthenikern (30%). Außerdem werden die Kinder, die unter Schwierigkeiten oder nur schlecht lesen gelernt haben, nach dem Schulabgang oft zu sogenannten funktionalen Analphabeten. Dies sind Personen, die zwar Unterricht im Lesen hatten, es später aber verlernen und die Schriftsprache nicht für den täglichen Gebrauch entziffern können. England hat weniger als ein Prozent Analphabeten, Schweden dagegen 20 Prozent funktionale Analphabeten! Nun wissen wir aber inzwischen, daß die englischen Kinder in den «Junior Schools» schon ab dem vierten Lebensjahr die Anfänge des Lesens lernen, die schwedischen Kinder dagegen erst bei Schuleintritt, also frühestens mit sieben Jahren.

Daß Frühleser niemals Leseversager werden, konnte in zahlreichen Untersuchungen bewiesen werden. In meiner Doktorarbeit habe ich mit 1008 Erstkläßlern dieses Ergebnis erhalten. Unter diesen Erstkläßlern fand ich nämlich mit einem objektiven Test die 75 Frühleser heraus, die von sich aus, mit Hilfe von Verwandten oder mit älteren Freunden, schon vor der Einschulung lesen gelernt hatten. Nach einem Jahr konnte ich unter ihnen kein Kind mit Leseschwierigkeiten finden!

1008 gerade in Eichstätt und Ingolstadt eingeschulten Erstkläßlern konnte ich noch in ihrer ersten Schulwoche einen schriftlichen Test geben. Dieser Test untersuchte, ob einige Kinder schon lesen konnten, ohne Unterweisung in der Schule gehabt zu haben. Ich fand 7,5 Prozent Leser. Diese Kinder, die schon vor der Schule lesen gelernt hatten, bezeichne ich als Frühleser. Nach einem Jahr durfte ich sie noch einmal testen, im Vergleich zu genauso vielen Kindern, die vor ihrer Einschulung noch nicht lesen konnten. Die beiden Gruppen hatten dieselben Schulleistungen, d. h., für jeden Frühleser suchte die Lehrkraft einen leistungsgleichen Kontrolleser. Nach diesem zweiten Lesetest zeigte sich, daß die Frühleser den Kontrollesern haushoch überlegen waren. Der Unterschied verschwindet eben nicht allmählich, wie oft behauptet wird, und die Kontrolleser haben ihn nicht aufgeholt. Außerdem gab es noch unter den Kontrollesern Schüler, die recht schlechte Leseleistungen hatten und dringend förderungsbedürftig waren (lese- und rechtschreibschwach). Unter den Frühlesern gab es dagegen keine Leseversager. Die Behauptung, daß Frühlesen späteres Lernversagen verhindert, konnte damit bestätigt werden. Und weil so viele Schüler an der Untersuchung teilgenommen hatten, gilt das Ergebnis allgemein für alle Kinder und nicht nur für den Raum Eichstätt/ Ingolstadt. Auch für Ihr Kind! Aber Ihr Kind wird später wahrscheinlich immer zu den besten Lesern gehören. Welch eine Sicherheit, welch gutes Startpolster, auf dem Ihr Kind mit einem guten Gefühl aufbauen kann! Ich stelle es z. B. gerade bei meinen eigenen Kindern fest – sie schreiben fehlerfreie Diktate, weil sie die Wörter schon länger kennen als viele ihrer Kameraden; sie lesen fließend, gern und viel; sie lesen neben Kinderbüchern auch Sachbücher und trauen sich an komplizierte Texte heran. Damit bauen sie ihren Vorsprung aus und nutzen ihn optimal. Ich wünsche allen Kindern dieselben Möglichkeiten und dieselben positiven Erfahrungen!

Die Fähigkeit, verschiedene Dinge zu unterscheiden, wächst zwischen dem fünften und dem sechsten Lebensjahr enorm an. Die meisten Vorschulkinder sind also in der Lage, die Feinheiten der Buchstaben zu erkennen und als Merkmale zur Unterscheidung herzunehmen. Ob der Kreis des «P» rechts oben oder links unten liegt, ist ja wichtig, da dadurch ein neuer Buchstabe, das «d» entsteht. Ebenfalls ab dem fünften Lebensjahr können die Kinder nicht nur solche Feinheiten erkennen, sondern sich auch deren Lage merken, und sie machen hier gute Fortschritte.

Unsicheren Eltern wird oft erklärt, daß Kinder erst mit sechs Jahren reif sind, das Lesen zu lernen. Statt ihre Kinder zu fördern, bremsen diese Eltern dann die Fragen ihrer Kinder zum Lesen. «Warte, bis du zur Schule kommst» ist eine beliebte Antwort. Damit wird aber das gerade erwachte Interesse erdrückt, und zu einem späteren Zeitpunkt haben viele Kinder eben keine Lust mehr zum Lesen.

Gern erinnere ich mich an eine Nachbarsfamilie, deren kleiner Sohn gerade vier Jahre alt war. Wir verabredeten uns alle, gemeinsam in einem Restaurant zu essen. Auch unsere Kinder erhielten Speisekarten. Meine größeren Jungen, die schon zur Schule gingen, lasen ihre Wünsche vor. Da schaute der vierjährige Bub auf seine Karte und rief erfreut: «Hier steht Spaghetti! Die will ich haben!» Peinliches Schweigen auf seiten seiner Eltern. Ich konnte mir mein Grinsen kaum verbeißen, denn ich wußte doch so gut, wie sehr meine Nachbarn gegen das Frühlesen waren! Und nun las ihr Vierjähriger schon Wörter aus der Speisekarte. «Na», meinte ich erstaunt, «kann er doch lesen?» – «Nein, nein», beeilte sich meine Nachbarin zu erklären, «er hat in den Ferien in Italien so oft Speisekarten mit seinen großen Geschwistern angeschaut – ich glaube, er kann nur das eine Wort zufällig erkennen …» Sie wurde rot, genau wie ihr Mann, verhaspelte sich noch einige Male, und ich dachte mir mein Teil. Übrigens hat unser Nachbarssohn noch vor der Einschulung von seinen Geschwistern das Lesen gelernt … gegen den Wunsch seiner Eltern. Und ich habe nicht versäumt, mich wieder und wieder bei jeder Gelegenheit zu wundern, daß das Kind wohl doch zum Lesenlernen reif sei. Aber seine Eltern haben es erst nach und nach zugegeben, daß sie sich getäuscht haben und daß die sensible Phase wohl doch früher liegt, als sie meinten.

Daß die Meinung, Mütter könnten Kindern das Lesen nicht zeigen, schädlich war, zeigen viele Beispiele, auch die, die ich geschildert habe. Und daß Mütter bei ihren Kindern als Lehrer oft mehr als die Schule bewirken können, daran zweifelt in den USA – nach mehr als 20 Jahren Erfahrung – inzwischen keiner mehr. Denn Mütter haben ihren Kindern ja auch so viele andere Dinge gezeigt: das Laufen, das Sprechen, das Essen, das Treppensteigen, das Schneiden mit einer Schere, um nur einiges zu nennen. Mit diesem Buch erfahren Sie, welche Methoden sich fürs Frühlesen am besten eignen, welche Spiele empfehlenswert sind, wie Sie Ihrem Kind Fragen beantworten können, wie Sie Situationen im Alltag zum Lesenlernen nutzen können – kurz, wie Sie Ihrem Kind helfen können, wenn es Interesse zeigt.

Schauen wir uns unsere Zweijährigen doch einmal genauer an. Da ist Vivian, die bereits einzelne Buchstaben erkennt. Das M von McDonald's war ihr erster Buchstabe, inzwischen kennt sie schon mehr auseinander. Das menschliche Auge entwickelt sich bis zum vierten Lebensjahr zu seiner vollen Tüchtigkeit. So kann der vierjährige Martin ohne Schwierigkeiten Buchstaben in Büchern erkennen und unterscheiden. Auf nahe und weitere Entfernung findet er das M seines Namens oder das P vom Parkplatz sofort. Die Sehfähigkeit bei vierjährigen Kindern könnte nicht besser sein, um die geheimnisvollen Zeichen deutlich zu sehen und einzuordnen.

Die Ohren der Vorschulkinder sind genau wie die Augen bestens entwickelt. Falls kein Hörfehler vorliegt, sind schon Dreijährige in der Lage, verschiedene Laute zu unterscheiden.

Das Gedächtnis der Kleinkinder ist phänomenal. Wer einmal Memory mit Kindern gespielt hat, weiß, welch sagenhafte Leistungen sie vollbringen können.

Bei vierjährigen Kindern besteht der Wortschatz aus ca. 1500

Wörtern, bei sechsjährigen aus etwa 2500 Wörtern. Der Zuwachs ist enorm, das Lerntempo erheblich. In diesem Alter können sich die Kinder auch allmählich besser konzentrieren. Sie bleiben aus eigenem Antrieb länger bei der Sache.

Die Vorschulkinder können sich Dinge bewußt einprägen.

Wenn sie Probleme lösen müssen, probieren sie nicht mehr alle Wege einzeln aus, sondern überlegen sich die Möglichkeiten und die Konsequenzen vorher. Die Neugier erreicht einen zweiten Höhepunkt, der sich im verstärkten Fragen äußert. Dieses gesteigerte Interesse an der Umwelt führt bei einigen Kindern dazu, daß sie technische Geräte zerlegen (ohne böse Absicht) oder sogar Plüschtiere aufschneiden, um die Konstruktion zu durchschauen.

Außerdem wollen Kinder dieser Altersstufe möglichst viel selbständig erledigen. Nicht nur das Ankleiden oder das Fahren mit dem Rad oder das Basteln, auch das Schreiben oder das Lesen versuchen viele zu ergründen.

Fünfjährige Kinder gehen schon recht realistisch an unbekannte Aufgaben heran, ohne falsche Vorstellungen. Sie verkraften Mißerfolge, denn sie haben die nötige Distanz. Übrigens können Sie als

Eltern die Freude an den Leistungen steigern. In einer Untersuchung hat M. R. Winterbottom die Erziehung von hochmotivierten Kindern mit der von wenig motivierten Kindern verglichen. Die Mütter der ersten Gruppe ließen ihre Kinder mehr Aufgaben selbständig erledigen und belohnten öfter mit Anerkennung und mit Zärtlichkeit. Die Aufgaben, die sie ihnen stellten, waren nicht zu schwierig für die Kinder, sondern ihren Möglichkeiten angepaßt und lösbar.

Da fällt mir Markus ein, der so gern das ABC-Spiel spielte. Bei jedem gefundenen Paar lief er zur Mutter und rief: «Schau mal, Mami, es paßt!» Die Mutter nahm ihren Markus in den Arm und ging tatsächlich jedesmal von der Hausarbeit weg, um zu schauen und zu loben und zu streicheln und zu bewundern. Wie herrlich für Markus, diese Unterstützung zu spüren! Er genoß die Ermunterung und setzte seine Übungen fort. Wie begeistert aber die Mutter wirklich war, daß sie 26mal für jeden Buchstaben hin- und herlaufen sollte, weiß nur sie selbst ...

Fassen wir zusammen, was Lernpsychologen über das Lernverhalten der Drei- bis Sechsjährigen erforscht haben, so ergibt sich, daß

– das Kind gut sehen und hören kann,
– es einen guten Wortschatz besitzt und ihn ständig erweitert,
– es eine enorme Lernfähigkeit besitzt und leicht, mit Freude, Eifer und nebenbei, beim Spielen, lernt,
– das Kind ein hervorragendes Gedächtnis zeigt,
– es sein eigenes Lerntempo hat, das bei hohem Interesse erstaunlich schnell ist,
– es sich für spezielle Dinge begeistern kann, die es interessiert. Dann hat es eine große Motivation. Die Eltern können durch Belohnung und Ermunterung die Motivation noch steigern.

Unter so günstigen Voraussetzungen können alle Fragen der Vorschulkinder beantwortet werden, und Angebote wie etwa Lernspiele oder interessante Ausflüge sollten die Kinder anregen. Die Vorschulkinder besitzen nicht nur die nötige Reife, sondern ihr Wissensdurst drängt geradezu nach Befriedigung!

Wie erkennen Sie, ob Ihr Kind wirklich reif ist zum Lesenlernen? Es gibt Kinder, die schon mit zwei Jahren soweit sind, andere wollen erst mit fünf Jahren beginnen. Wachsame Eltern können viele untrügliche Anzeichen erkennen.

Wenn Kinder von sich aus nach Buchstaben oder Schriftzeichen fragen, sollten Eltern aufhorchen. In einer Familie, in der es reichlich Lesematerial gibt, finden Kinder ausreichend Anregungen. Legen Sie also Bilderbücher, Kinderbücher, Zeitschriften und Lesespiele in erreichbare Nähe.

Auch im öffentlichen Leben können die Kleinen Schrift «entdecken»: auf Plakaten, beim Einkaufen, an Pforten, auf Straßenschildern usw. Die meisten Kinder bemerken früher, als bisher angenommen wurde, daß man Sprache schriftlich festhalten kann.

Signalisiert die Freude eines Kindes an Büchern, die ihm vorgelesen werden, schon das Zeichen der Reife? Das Vergnügen an Büchern allein sollte man noch nicht so weit auslegen. Aber wenn ein Kind von sich aus Bücher nimmt, darin blättert und sich die Geschichten darin «selbst vorliest», dann hat ebenfalls die sensible Phase begonnen.

Einige Kinder beginnen, Buchstaben in Zeitungen an- oder abzumalen. Neugierige Fragen nach der Schrift werden dann über das Anmalen eingeleitet. Ab und zu erkennen Kinder auch einzelne Laute in Wörtern wieder, wenn sie genau zuhören (z. B. den Anfangsbuchstaben ihres Namens und den ihrer Geschwister). Beide Beobachtungen sollten zum Anlaß für kleine Lesespiele genommen werden.

Oft kann das Interesse der Kinder durch eine anregende Umwelt geweckt werden. In den Montessori-Kindergärten steht das Lesematerial für Kinder zwischen drei und sieben Jahren frei erreichbar. So geschieht es, daß kleine Kinder durch die größeren zu Lesespielen gebracht werden, obwohl sie noch keine vier Jahre alt sind.

Allgemein läßt sich feststellen, daß eine anregende Atmosphäre mit vielen spielerischen Leseangeboten den Kindern frühzeitig Gelegenheit gibt, Interesse an der Schriftsprache zu entwickeln. In der sensiblen Periode, deren Anzeichen hier geschildert wurden, können Kinder die besten Erfolge beim Lesenlernen erzielen, und zwar auf dem einfachsten Weg.

Nicht nur in zahlreichen Veröffentlichungen des Auslands (USA, England), sondern auch mit meiner Doktorarbeit konnte ich mehrere wichtige Behauptungen beweisen und aktuelle Fragen endgültig klären. Da die Anzahl der Kinder, die an meiner Untersuchung für die Doktorarbeit teilnahmen, sehr hoch war (über 1000 Teilnehmer), sind meine Ergebnisse repräsentativ. Mit anderen Worten: Meine Beweise gelten allgemein, für alle Vorschulkinder, und nicht nur für den speziellen Fall. Bisher konnte niemand diese Beweise widerlegen, weder in den USA noch hier in Deutschland. Dabei haben die USA mehr als 20 Jahre Erfahrung mit dem frühen Lesenlernen. Ich habe Dinge herausgefunden, die jedem Vorschulkind nützen können, wenn alle Eltern informiert wären und alle Kindergärten die Konsequenzen ziehen würden.

Das Wichtigste wissen Sie bereits: Frühleser werden nie Leseprobleme bekommen. Ihnen bleibt Förderunterricht im Lesen erspart. Dies ist ein entscheidendes Ergebnis meiner Doktorarbeit gewesen. Aber es gibt noch andere Gründe, die für das frühe Lesen sprechen. Denken Sie einmal an Ihre Schulzeit und Ihre erste Fibel zurück – oder nehmen Sie eine Fibel der heutigen Zeit zur Hand. Erinnern Sie sich noch an Ihre ersten Fibeltexte? Schauen Sie einmal in die aktuellen Fibeln hinein, und vergleichen Sie den Text mit dem, den ich als Sechsjährige bekam: «Tut, tut, tut, ein Auto», lautete er bei mir. Das war nicht einmal ein vollständiger Satz.

So ähnlich reden Zweijährige in unvollständigen Sätzen. Meine Freunde und ich unterhielten uns damals über Raketen oder Schiffe, Technik eben. Aber uns wäre nicht eingefallen, «tut, tut, tut, ein Auto» zu sagen! Wir empfanden den Text als langweilig und peinlich, da er weit unter unserem Niveau lag. So geht es leider heute noch vielen Erstkläßlern. Mit sechs oder sieben Jahren erhalten sie Texte, die zwei- bis dreijährige Kinder produzieren. Das kann Frühlesern nicht passieren. Mit ungefähr fünf Jahren sind die meisten in der Lage, altersgemäße Texte zu entziffern.

So ist es natürlich spannend, lesen zu können. Wer gleich am Anfang der ersten Klasse Mickey Mouse, Räuber Hotzenplotz, den Meisterdetektiv Kalle Blomquist oder Die fünf Freunde lesen kann, verliert nicht so schnell die Lust am Lesen.

Wenn Sie Interesse haben, die genauen Ergebnisse meiner wissenschaftlichen Untersuchung nachzulesen, kann ich Sie auf mein Buch im Literaturverzeichnis hinweisen. Dort beschreibe ich die positiven Resultate ausführlich und leichtverständlich. An dieser Stelle mag es genügen, Ihnen zu bestätigen, daß das frühe Lesen nicht nur unschädlich ist, sondern viele Vorteile aufweist.

Einige Leute sind gegen das frühe Lesen, weil sie meinen, daß dem Kind damit Zeit zum Spielen genommen wird. Für sie gibt es nur das Entweder-Oder. Sie glauben, daß mit dem Lesenlernen ein Stück Kindheit verlorengeht und daß die Kinder zu früh dem Streß ausgesetzt werden. Daß es auch einen praktischen Kompromiß gibt, beweisen die zahlreichen positiven Erfahrungen, über die amerikanische und deutsche Mütter berichten. Schließlich muß das Lesenlernen kein Entweder-oder sein, sondern kann Sowohl-als-auch bedeuten! Sowohl Spielen, Spaß, Vergnügen und Entwicklung in Freiheit und ohne Streß – als auch Lesenlernen, gleichzeitig, nebenbei. Denn die Lesespiele sind genauso faszinierend wie die anderen Gesellschaftsspiele. Kinder wählen das Lesememory genauso oft wie das Originalmemory. Sie schauen sich in ihrer Umgebung um und fragen nach der Bedeutung von Dingen. «Was ist das?» (Ein Kran) ist eine ebenso häufig gestellte Frage wie «Was heißt das?» (P-O-S-T, das ist das Postamt). Empfinden die Kinder beim Lesenlernen Spaß und Vergnügen, haben Sie genau den richtigen Ansatz gefunden! Niemals jedoch sollten Eltern die Kinder drängen und so Druck erzeugen. Dann gehen tatsächlich Spaß, Freude und ein Stück Kindheit verloren.

Als weiteres Gegenargument wird oft genannt, daß Kinder, die schon lesen können, sich in der Schule langweilen. Ihnen fehlt die Spannung des Neuen, Unbekannten, und sie stören daher gern. Daß das nicht sein muß, dafür sorgen z. B. Lese- und Lernecken, wo die Kinder, die ihre Aufgaben schon beendet haben oder den Stoff schon beherrschen, Material zur stillen Beschäftigung finden. Kartenspiele, Memory, Puzzle, Bücher und vieles mehr fasziniert die Kinder. Wenn die Lehrerin nicht möchte, daß die Kinder den Platz verlassen, dürfen die Frühleser beim Leseunterricht ihre eigenen mitgebrachten Bücher lesen. Wie herrlich einfach! Denn Lesen stört nicht, da es ja leise geschieht. So kommen die Kinder in eigenem Tempo voran und sind außerdem ständig motiviert, weiterzulesen. Sie verlieren den Spaß und die Freude nicht.

Daß das Lesenlernen ohne Zwang in einer fröhlichen Atmosphäre für Eltern und Kind ein Vergnügen sein kann, beweisen die vielen mir bekannten Familien, die mir davon berichteten. Mit jedem Buchstaben, den die Kinder in der Umwelt erkennen, feiern sie ein Wiedersehen. Sie zeigen stolz auf ihre ersten Wörtchen (Post, Bank ...). Immer von neuem wollen sie die Lesespiele hervorholen und genießen die Aufmerksamkeit der Eltern. Diese wiederum staunen über das Interesse, das Lernvermögen und das Gedächtnis ihrer Kinder. Gern nutzen sie ihre Freizeit für Aktivitäten, die sie an das Kind bindet. Denn das gemeinsame Hineintasten und Erobern der Schriftsprache verbindet! Wie viele Erwachsene haben mir stolz berichtet, daß sie das Lesen vor der Einschulung von ihrem Vater oder ihrer Mutter gelernt haben! Und sie erklärten

auch, daß es mehr Spaß bereitet habe als der spätere Unterricht in der Schule. So gestaltet wird das Lesen zu Hause für alle Beteiligten ein Fest!

Wenn Ihr Kind rechtzeitig lesen gelernt hat, wird es später nie Schwierigkeiten beim Lesen haben. Sie ersparen ihm damit teure und aufwendige Förderkurse.

# Mutter und Vater sind die besten Lehrer:
# 7 Gründe

Es gibt keinen Zweifel daran, daß die meisten Mütter die besten Lehrer ihrer Kinder sind. Falls Sie Zweifel haben, ob Sie Ihrem Kind so etwas Komplexes wie das Lesen beibringen können, seien Sie beruhigt. In diesem Buch finden Sie genaue Anleitungen. Und ich möchte Ihnen die entscheidenden Gründe nennen, warum Ihr Kind mit Ihnen am liebsten lernt:

1. Sie kennen Ihr Kind am besten. Kein Lehrer kann von Ihrem Kind ja so genau wissen, wie seine Entwicklung verlief, wie es in problematischen Situationen reagiert und wie man es am besten behandelt. Sie verstehen sein Verhalten, seine Vorlieben, seine Abneigungen und seine Bedürfnisse. Daher können Sie am besten auf Ihr Kind eingehen, besser als jeder Lehrer es je kann.
2. Sie beobachteten Ihr Kind von Anfang an. Da der Zeitpunkt der Lesereife wahrscheinlich vor der Einschulung liegt, können Sie ihn am ehesten erkennen. Natürlich ist fast jedes fünfjährige Kind reif und zeigt alle Anzeichen. Diese sicheren Anzeichen, die auf die Lesereife deuten, treten aber meist schon vor dem vierten Lebensjahr auf. Dann sind Sie die einzige Person, die etwas davon versteht und Konsequenzen ziehen kann.
3. Das günstige Lehrer-Schüler-Verhältnis von 1 : 1 hat Ihr Kind später nur bei Privatunterricht. In der normalen Schule muß der Lehrer sich gleichzeitig um 15 bis 30 Kinder kümmern. Aber Sie haben zu Hause nur einen Schüler, eine Idealsituation! Sie können genau auf ihn eingehen!
4. Sie bestimmen die Tageszeit zum Lernen. Wenn Sie sehen, daß Ihr Kind gerade nicht beschäftigt ist, können Sie ihm ein Lernspiel anbieten. Einfach so, ohne an einen Stundenplan gebunden zu sein! Sie können die zum Lernen am günstigste Zeit des Vormittags für Lernanregungen nutzen. Oder Sie können einfach warten, ob Ihr Kind selbst zum Lesen findet. Dann können Sie ganz spontan auf seine Fragen reagieren – jederzeit – und darauf aufbauen. Sie können das abendliche Vorlesen für kleine, gezielte Hinweise nutzen und auch tägliche Alltagssituationen mit Hinweisen auf Buchstaben ergänzen. Aber Sie bestimmen die Zeit, und Sie sind ungebunden!

5. Ohne Stundenplan und ohne Druck können Sie auch das Lerntempo wählen. Wenn Ihr Kind drei Wochen lang vom Lesen nichts wissen will – gut! Sie machen eine Pause, und Ihr Kind braucht etwas anderes. Sie können ein anderes Lesespiel basteln oder einfach andere Methoden ausprobieren. Es kann ebensogut passieren, daß Ihr Kind vom Lesen nicht mehr genug bekommen kann. Es will nicht drei Wortkarten am Tag erklärt bekommen, sondern gleich 20! Okay, probieren Sie es aus. Vielleicht erinnert es sich am folgenden Tag tatsächlich noch an alle 20 Wörter – dann hat es ein enormes Lerntempo und ein fabelhaftes Gedächtnis. Lassen Sie sich überraschen und das Kind sein eigenes Lerntempo wählen. So bringt es am meisten Spaß, und Sie passen sich ganz Ihrem Kind an. Welch wunderbarer Unterschied zur Schule, wo alle Kinder im selben Tempo voranschreiten müssen.

6. Am gemütlichsten scheint das Vorlesen auf dem Schoß zu sein – oder abends im Bett. Suchen Sie sich daher einen angenehmen, geeigneten Ort für Ihre Spiele aus! Auf dem Sofa kann man einige Spiele durchführen, evtl. bei schöner Musik, dicht aneinandergekuschelt. Kinder, die beim Vorlesen auf dem Schoß sitzen, sehen natürlich die Wörter im Buch gut. Eine Mutter erzählte mir, wie sie ihren Zwillingen jeden Abend vorgelesen hat: auf jedem Bein eine Tochter, die Arme um beide geschlungen, das Buch hielten die Mädchen, und sie blätterten auch um. Die Mutter zeigte ihnen auf Wunsch bestimmte Wörter. Die Mädchen erinnern sich gern an diese gemütlichen Stunden. Sie haben eine angenehme Erinnerung für das ganze Leben – und nebenbei, über ihre Lieblingswörter, das Lesen gelernt. Später in der Schule steht der Ort des Lesenlernens fest: das Klassenzimmer mit harten Stühlen und festen Zeiten. Und mag das Klassenzimmer auch noch so nett dekoriert sein – mit einem warmen Zimmer mit Teppich, Sofa und schöner Musik im Hintergrund kann es nicht konkurrieren. Wenn Sie eine angenehme Atmosphäre zum Lesenlernen schaffen, haben Sie schon viel gewonnen!

7. Wieder treffen Sie eine Entscheidung, die sonst später der Lehrer für alle Schüler fällt: die Frage des Materials. Und im Gegensatz zum Lehrer haben Sie den Vorteil, daß Sie das Material wechseln können, wenn es Ihrem Kind nicht gefällt. Mein ältester Sohn Martin beispielsweise begann seine Lesekarriere mit Wortkärtchen. Aber nach zwei Monaten wurden sie ihm langweilig. Er

lehnte sie schließlich ganz ab. Und er vergaß allmählich einige Wörter, die er schon ganz sicher gelesen hatte! Um nicht den Effekt der letzten zwei Monate völlig zu verlieren, bastelte ich ein anderes Lesespiel, das ihm wieder Spaß brachte. Außerdem besorgte ich Magnetbuchstaben, so daß er zwischen verschiedenen Materialien wählen konnte. Da er inzwischen auch in seiner Umwelt immer mehr Wörter erkannte und ich ihn auf viele Schilder hinwies, festigte er sein Wissen. Nach einem halben Jahr begann er neue Wörter selbständig zusammenzulesen. Ganz stolz wendete er seine Künste überall an: beim Einkaufen, beim Essen und auch beim Vorlesen. Bald konnte er sein erstes Buch selbst lesen!

Und auch das ist für Sie bei der Auswahl der Materialien wichtig: die ersten Bücher zum selbständigen Lesen! In einem späteren Kapitel können Sie mehr darüber erfahren, und auch über das große Angebot der anderen Lesematerialien informiere ich Sie noch genau (Kap. 2 und 3). Wie schön, daß Sie selbst ausprobieren können, welche Spiele Ihr Kind vorzieht und welche Materialien sich am besten eignen!

# 1. Kapitel:
# So viele Möglichkeiten!

Für meine Arbeit wollte ich gern wissen, wie die Vorschulkinder lesen gelernt haben. Also habe ich ihre Mütter besucht und um ein Interview gebeten. Ich fragte sie immer dasselbe. «Warum zeigte Ihr Kind schon vor der Einschulung Interesse am Lesen?» – «Wann begann das Kind, sich für das Lesen zu interessieren?» – «Wer half Ihrem Kind beim Lesenlernen?» – «Wie sah diese Hilfe aus?» Und ich erhielt die unterschiedlichsten Antworten.

## Mitlesen beim Vorlesen

Ich erwähnte schon die Zwillinge, die beide bei ihrer Mutter auf dem Schoß sitzen durften und beim Vorlesen einige erste Wörter kennenlernten. Die Mädchen fragten ständig, was denn das eine oder andere Wort nun heißt. Sie hatten also erkannt, daß mehrere dicht zusammenstehende Zeichen ein Wort repräsentieren. Nach und nach stellten sie fest, daß in einigen Wörtern ähnliche oder sogar gleiche Zeichen wiederkehren. So kamen sie langsam zu den Buchstaben. Bald bemerkten sie, daß ein und dasselbe Zeichen immer denselben Laut darstellt. Es dauerte nicht lange, bis sie auch die Buchstaben lernten und schließlich neue, unbekannte Wörter lesen konnten. Aber ganz eindeutig galt ihr erstes Interesse den Wörtern, und die Analyse der Wörter in Buchstaben stand erst an zweiter Stelle.

Außerdem bemerken die Kleinen, daß es Bilder in den Büchern gibt, und später entdecken sie noch mehr. Sie sehen die Buchstaben, wissen bald, wann umgeblättert wird, und schließlich hören sie, daß zu jedem Buch immer genau dieselbe Geschichte paßt. Und wehe, der Vorleser läßt jetzt ein Wort aus! Denn selbstverständlich kennen die Kinder nach mehreren Durchgängen den Inhalt auswendig und lassen sich nicht mehr mit verkürzten Versionen abspeisen. So las eines Tages Oma ihrem Enkel Fritz aus Helma Heines Buch *Freunde* vor und kam an eine delikate Stelle. Eigentlich machen nämlich die drei Freunde Pause im Kornfeld und erledigen bei der Gelegenheit auch den berühmten Gang zum Häuschen mit dem Herz in der Tür, obwohl gerade dieses Häuschen fehlt. Aber es gibt ja das Kornfeld! Oma ist entsetzt, als sie die Zeilen im voraus überfliegt. Und läßt sie weg ... Aber hat nicht mit Fritzchen gerechnet! «Oma, das stimmt nicht! Die drei müssen doch mal und ...», so erklärt Fritz seiner Oma die Lage, sie wird rot, und er deutet auf die fehlenden Wörter. Wie schön war es doch, als man noch frei einen Text verändern konnte, seufzt Oma. Aber heutzutage beantworten die Eltern alle neugierigen Fragen, und vorbei ist es mit der künstlerischen Freiheit. Die Kleinen lesen bald der Oma vor ... Ob die entnervte Großmutter nun einverstanden ist oder nicht, Fritz ist stolz, daß er seine Lieblingstexte kennt und sogar einige Wörter schon lesen kann. So ist er endlich unabhängiger und wird bald niemanden mehr zum Vorlesen brauchen!

## Buchstaben abmalen

Die kleine Anita fand Zeitungen faszinierend. Ihre Mutter sah es als Lehrerin eigentlich gar nicht so gern, daß ihre Tochter sich für die Buchstaben in der Zeitung interessierte. Sie wußte ja, daß Frühlesen in der Schule nicht gern gesehen wird. Trotzdem bremste sie Anita nicht, als diese begann, Buchstaben in der Zeitung anzumalen und abzumalen. Anita malte sehr gern, und neben gegenständlichen Zeichnungen tauchten jetzt eben auch Buchstaben oder Wörter auf. Die Frage nach ihrer Bedeutung war nur eine logische Folge. Trotz all ihrer Zweifel erklärte Anitas Mutter doch jeden Buchstaben und jedes Wort. So lernte Anita über das Abmalen aus der Zeitung allmählich die Buchstaben kennen – und konnte plötzlich lesen! Ihre Mutter war erst erleichtert, als sie später merkte, daß Anita in der Schule keine Nachteile, sondern nur Vorteile hatte. Trotz ihrer Zweifel hatte sie sich glücklicherweise immer nach der Reife ihrer Tochter gerichtet. So konnte Anita ihren Wissensdurst befriedigen und zum für sie geeigneten Zeitpunkt lesen lernen. Beide, Mutter und Tochter, haben es nicht bereut.

## Buchstaben und Laute

Bei Spaziergängen bemerkte der kleine Eike merkwürdige kleine Zeichen, meist auf Schildern. Natürlich fragte er seine Eltern darüber aus. Als seine Familie umzog, entdeckte er ähnliche Zeichen auf den Umzugskisten. Ah, wieder diese Buchstaben! Er fragte genauer – und erhielt eine ausführliche Antwort. Zwar war er damals erst zwei Jahre alt, aber er hatte plötzlich großes Interesse, auch andere Buchstaben kennenzulernen. Nachdem er hinter das Geheimnis gekommen war, daß jeder Buchstabe einen Laut darstellt, mußte er unbedingt mehr Buchstaben sehen. Er fragte und fragte, und seine erstaunten Eltern gaben geduldig und bereitwillig Auskunft. Ihre ersten Zweifel konnte ich mit meinen gerade vorliegenden Ergebnissen ausräumen. Wenn Eike auch noch sehr jung war, so schien er doch reif zu sein. Und er lernte in der nächsten Zeit, ausgelöst durch den Umzug, ständig neue Buchsta-

ben. Schließlich setzte er sie zusammen und konnte schon sehr früh lesen. Es gibt einige wenige Kinder, die dermaßen zeitig mit dem Lesenlernen beginnen wollen, aber sie sind die Ausnahme. Eike hat sich das Lesen praktisch selbst beigebracht, indem er Fragen stellte und dann seine eigenen Schlußfolgerungen daraus zog. Seine Methode entspricht der Buchstabenmethode – eine Methode, die sich besonders bei jüngeren Kindern bewährt hat (siehe Buchstabenspiele). Dabei lernen die Kinder zunächst die Buchstaben zu unterscheiden, ohne daß sie den entsprechenden Laut kennen. Viele Mütter erzählten, daß ihre Kinder so Interesse am Lesen gewonnen hätten. Sie hätten in der Zeitung oder in Büchern die «komischen Zeichen» bemerkt und sie verglichen, Unterschiede gesucht und Ähnlichkeiten entdeckt. Erst über diese Suchspiele seien sie zu den Lauten und dann zum Zusammensetzen der Buchstaben gelangt.

Festzuhalten bleibt, daß jedes Kind seine eigene Methode entwickelt. Sie mag der Buchstabenmethode oder der Ganzwortmethode oder anderen Möglichkeiten ähneln, aber jedes Kind sucht sich doch seinen passenden Weg. Sie sollten wissen, welche Methode sich am besten eignet (die Buchstabenmethode) und worauf Sie achten können, wenn Ihr Kind anders lesen lernen möchte. Deshalb stelle ich Ihnen die üblichen Lernverfahren hier vor.

### Wortkärtchen schon für Zweijährige?

Sehr populär wurde Dr. Doman in den USA mit seinem Buch *How to Teach Your Baby to Read* (Wie Sie Ihr Kind das Lesen lehren können). Er verwendet große Wortkarten, die schon zehn Monate alte Babys erkennen können. Wie kam er zu seiner Überzeugung? Als Arzt mußte er sich mit Kindern beschäftigen, deren Gehirn geschädigt worden war. Durch ein spezielles Behandlungsprogramm konnten er und seine Kollegen die Kinder geistig aktivieren. Sie brachten ihnen alles, was sie nicht mehr ausführen konnten, neu bei. Das Lesen war ein besonders wichtiger Teil des Programms. Es sollte das Gehirn anregen. Durch den Impuls, den das Lesenlernen anscheinend bewirkte, wurden auch andere Funktionen angeregt. Viele Kinder lernten wieder gehen, laufen, sprechen und alles, was sie verlernt hatten. Mit etwa sechs Jahren waren die Kinder meistens geheilt und konnten am normalen Schulleben teilnehmen. Sie schnitten oft sogar besser ab als ihre völlig gesunden Klassenkameraden. Deshalb fragte sich Dr. Doman, warum die gesunden Kinder nicht bessere Leistungen erreichten als ihre geschädigten Klassenkameraden, die er trainiert hatte? Was würde passieren, wenn er gesunde Kinder ebenso anregen und fördern würde? So entschloß er sich, Wochenendkurse für interessierte Eltern anzubieten, in denen er sein Spezialprogramm auf gesunde Kinder ausdehnte. Die Erfolge blieben nicht aus: Kleine Kinder können tatsächlich mit zwei Jahren lesen lernen, auch rechnen, Geige spielen und viele andere Dinge.

Leider müssen nach Domans Vorstellungen die Kleinen täglich eine bestimmte Zeit lesen, rechnen, Geige üben. Und diese Zeit fehlt tatsächlich später zum Spielen. Für mich ist Dr. Domans Kursprogramm einerseits faszinierend (denn er beweist, wie lernfähig kleine Kinder sind), aber andererseits auch abschreckend. Die Freizeit der kleinen Kinder dient ihrer freien Entfaltung. Ich halte es für äußerst wichtig, daß Kinder nicht so früh in einen festen Tagesplan gepreßt werden. Ich wünsche mir für meine und andere Kinder, daß sie viel Zeit und reichlich Anregungen haben, um eigene Entdeckungen zu machen; daß sie geduldige Eltern und Lehrer haben, die Fragen geschickt beantworten; und daß sie so Spaß am Lesenlernen finden.

Die Wortkärtchen, die Doman einsetzt, lassen sich übrigens gut verwenden. Denn Doman hat recht, wenn er eine bestimmte Größe empfiehlt: Kleine Kinder können erst ab vier Jahren richtig gut sehen. Die Wortkärtchen fallen unter die Ganzwortmethode, und deshalb sollten Sie immer auch Hinweise auf die einzelnen Buchstaben geben. Im Kapitel 3 stelle ich mehrere Spiele mit Wortkärtchen vor, so daß wir Domans strenge Methode des «Auswendiglernens von zwei Wörtern pro Tag» abwandeln und die Karten für unsere Spiele nutzen.


## Die Montessori-Methode

Maria Montessori bastelte ihren vierjährigen interessierten Schützlingen zunächst bewegliche Buchstaben aus festem Papier, die sie auf Pappkarten klebte. So konnten die Kleinen die Form der Buchstaben in der vorgeschriebenen Richtung nachfühlen. Außerdem konnten sie mehrere Karten zu einem Wort kombinieren. Inzwischen werden die beweglichen Buchstaben der Montessori-Kindergärten aus Holz angefertigt und mit Sandpapierbuchstaben beklebt.

Es gibt jetzt auch kleinere Buchstaben aus reinem Holz in einem Setzkasten für fortgeschrittene Leser, die kleine Texte legen wollen. Manchmal schrieb Montessori für ihre Vorschulkinder auch kleine Botschaften mit kurzen, bekannten Wörtern. Das vervielfachte den Spaß und gab dem Lesen einen echten Sinn. So wechselte Montessori Spiele, Übungen und aktuelle Situationen mit ihrem didaktischen Material ab. Auch sie nutzte selbstverständlich jede Gelegenheit in der Umgebung, um Schrift zu entziffern. Oft lasen sie gemeinsam Einkaufszettel, die ein Kind dabeihatte. Kindgemäß und in lockerer Atmosphäre konnten sich die Kinder in Ruhe mit dem Lesematerial beschäftigen und lernten nach ein bis zwei Jahren das Lesen.

## Lesenlernen nach der Freinet-Methode

Die Anregungen des französischen Pädagogen lassen sich in jeder Grundschulklasse verwirklichen. Dort drucken die Kinder eigene Texte und lernen über das Schreiben das Lesen. Die Schüler sollen sich durch ständiges Versuchen an die Sache herantasten. Diese Art des ersten Lesens kann man auch mit Vorschülern versuchen. Statt der Stempel und der Druckerei bietet sich die Schreibmaschine zum Aufschreiben kleiner Abenteuer an. Ich habe meinen Kindern gern meine alte Schreibmaschine überlassen und ihnen angeboten, kleine Ereignisse des Tages mit meiner Hilfe zu tippen. So wurden ihre Leseversuche durch das Schreiben auf der Maschine erweitert. Meinen Kindern hat dieses Spiel Spaß gemacht. Auch Freinet berichtet, daß seine Schüler durch die eigenen Texte viel besser motiviert waren, am Unterricht teilzunehmen. Diese Methode scheint mir daher, auch abgewandelt, recht nachahmenswert.

## Einfache Spiele ohne Material

Auch ohne Material können Sie Spiele zur Lesevorbereitung einsetzen. Die Kinder erkennen dabei Unterschiede bei fast gleichen Dingen (optische Differenzierung) und hören Feinheiten bei verschiedenen Lauten heraus (akustische Differenzierung). Dazu gibt es einige leichte, lustige Spiele, die ich Ihnen hier schildern möchte.

1. Wir sitzen im Kreis. Alle Kinder, deren Name mit «M» beginnt, stehen auf (Magnus, Michael, Martin). Wer nicht aufsteht oder wer zur falschen Zeit aufsteht, fragt einen anderen, mit welchem Buchstaben sein Name anfängt, und scheidet aus oder gibt ein Pfand ab. Die meisten Kinder kennen ihren Namen so gut, daß sie den ersten Buchstaben ohne Schwierigkeiten heraushören.

2. Kennen Sie das Spiel «Ich sehe was, was du nicht siehst, und das ist ... (Farbe nach Wahl, z. B. rot, blau, grün)?» Ein Spieler sucht sich also ein Ziel mit einer bestimmten Farbe und fragt wie oben beschrieben. Die anderen nennen Gegenstände mit dieser Farbe, bis einer das passende Stück entdeckt hat. Abgewandelt können wir mit den Anfangsbuchstaben der Dinge spielen, etwa so: «Ich sehe was, was du nicht siehst, und das fängt mit einem T an.»

3. Ein Wettspiel: Der Spielleiter nennt vier Dinge, von denen drei mit demselben Anfangsbuchstaben beginnen, das vierte nicht. Welches Wort paßt nicht in die Reihe?

4. Um Laute genau zu hören, eignen sich auch alle bekannten Reimspiele: «Wer findet einen Reim auf ‹Wand›?» In vielen Spielbüchern gibt es weitere Anregungen für Reimspiele. Ich empfehle im Bücherverzeichnis einige.

5. Um das genaue Abhören zu trainieren, kann der Spielleiter auch ein kurzes und ein langes Wort nennen mit der Bitte, das kürzere herauszufinden. Erst nach einigen Spieldurchgängen werden die Kinder den Unterschied hören!

6. Der Spielleiter sagt ein Wort, und die Kinder suchen dazu andere, die ebenso beginnen (oder enden – aber diese Variation eignet sich nur für fortgeschrittene Gruppen).

7. Um das genaue Beobachten zu üben, können Sie auch Dinge der Umgebung beschreiben und dann Ihr Kind bitten, ein anderes Objekt ebenso zu beschreiben.

8. Bei Spaziergängen oder beim Einkaufen «entdecken» Sie auf Plakaten oder Schildern einen Buchstaben, den Ihr Kind kennt – und so beginnt das Wettspiel. Wer findet diesen Buchstaben auch woanders? Er wird Ihnen sicher noch öfter begegnen!

# 2. Kapitel:
# Die Entdeckung der Buchstabenwelt

## Anfangen

### Das ABC-Lied

Etwa in der zweiten Klasse lernen unsere Kinder oft das ABC-Lied.
Der Text paßt auf die Melodie von «Morgen kommt der Weih-
nachtsmann» und ist recht einfach:

> *Abcdefg hijklmnop qrstuvw xyz, juchhe,*
> *jetzt kann ich das ABC, jetzt kann ich das ABC.*

Warum lernen unsere Kinder dieses Lied so spät? Alles, was an
Schule erinnert, ist im Kindergarten unerwünscht. Außerdem
«lautieren» die Kinder die Buchstaben im Lied nicht. Sie singen
«A», «Be», «Ze», «De» usw. und nicht, wie in der ersten Klasse
gelernt, «A», «B», «Zzz», «D», «Eeee», «Fffff» ... Um diesen Schritt
vom Laut (Fffff) zum Namen (ef) des Buchstabens zu vollziehen,
sollen unsere Kinder schon im Lesen weiter fortgeschritten sein,
damit sie nicht verwirrt werden. So erklärte mir jedenfalls eine
Lehrkraft, warum dieses Lied erst so spät gesungen wird. Nun, in
den USA hat das Lied nicht zur Verwirrung der Vorschulkinder
beigetragen, sondern sich im Gegenteil als große Hilfe erwiesen.
Wenn die Kinder die einzelnen Buchstaben so früh lernen, haben
sie keine Schwierigkeiten, sie später wiederzuerkennen; und bei

vielen Spielen zeigt sich, wie hilfreich dieses Lied ist. Dieses kleine Lied kann ich nur empfehlen, da die Melodie bekannt und leicht ist und sich über das Singen Dinge viel leichter auswendig lernen lassen.

## Magnetbuchstaben

Seit einigen Jahren werden im Handel Magnetbuchstaben angeboten. Ich habe bei amerikanischen Freundinnen oft gesehen, daß sie an ihren Kühlschrank Magnetbuchstaben geheftet hatten, so daß ihre Kinder immer neue Wörter lesen konnten.

Jetzt habe ich eine kleine Magnettafel in die Küche gehängt und «schreibe» darauf jeweils die Wörter, die sich meine Kinder wünschen. Zu einigen großen Standtafeln gibt es Magnetbuchstaben zu kaufen. Die Vorteile der Magnetbuchstaben sind vielfältig. Zunächst sind sie stabil. Außerdem haben sie die richtige Größe für Kinderhände und Kinderaugen: Sie sind nicht so klein wie die Buchstaben aus den Schulsetzkästen und dick genug zum Greifen.

Weil sie bunt sind, sprechen sie Kinder besonders an. Weil die Buchstaben einzeln beweglich sind, können die Kinder damit die verschiedenen Spiele ausprobieren. Ihre Kinder werden nicht nur fasziniert sein, daß die Buchstaben «kleben», sich schieben und drehen lassen, sondern sie werden sie auch mischen, sortieren und erst einmal kennenlernen. Welche Spiele eignen sich für die Magnetbuchstaben?

- Die Kinder dürfen die Buchstaben nach Farben sortieren.
- Die Kinder suchen ähnliche Buchstaben.
- Die Kinder drehen Buchstaben so lange, bis sie einander ähneln oder gleichen.
- Die Kinder finden zu einigen Großbuchstaben die kleinen Buchstaben.
- Sie bilden eine Buchstabenschlange.
- Sie legen Muster.
- Die Mutter «schreibt» ein kurzes Wort, das Kind legt es nach.
- Das Kind wechselt Buchstaben aus: Aus «Hand» macht es «Wand» usw.

## Buchstabenwürfel

Wieder haben die Amerikaner eine gute Idee in die Tat umgesetzt: Sie produzieren seit Jahren Holzwürfel, wie wir sie auch kennen (Bauklötze), die allerdings auf vier Seiten Buchstaben zeigen. Bei uns sind diese Bauklötze entweder naturfarben oder bunt lackiert.

Fröbel, der bekannte Kindergartenreformer, hat diese Holzwürfel ausdrücklich in sein Programm aufgenommen, weil die Kinder damit ohne Vorschriften frei und kreativ spielen können. Tatsächlich sind die einfachen Holzklötze bei fast allen Kindern sehr beliebt: Sie bauen phantasievolle Gebäude und Anlagen und bewältigen dabei Eindrücke aus ihrer Umgebung. Warum sollte man diese beliebten Bauklötze nicht, als Tüpfelchen auf dem i, noch mit Buchstaben versehen? Dadurch werden die Kinder nicht vom Bauen abgehalten. Sie fragen höchstens ab und zu, was dieses oder jenes Zeichen bedeutet. So lernen sie die Buchstaben nebenbei kennen, als zusätzliche Bereicherung. Später können sie die Würfel zu ersten, kurzen Wörtchen zusammenlegen.

Das spielerische Bauen mit den Buchstaben hat mich überzeugt. Ich sah, wie attraktiv diese Klötze sind, wie versunken die Kinder damit bauten und wie sie ab und zu über die aufgedruckten Buchstaben sprachen: «Gib mir den Würfel mit dem ‹R›, ja?» Es war vollkommen natürlich, die Buchstaben ins Spiel einzubeziehen; das Kennenlernen der Zeichen geschah nebenbei, ohne daß ein Lernprogramm dahinterstand. Selbst Zweijährige wurden so automatisch beim Spielen auf die Buchstaben aufmerksam. Entweder erinnerten sie sich an den Namen – oder sie spielten einfach so damit, ohne sich um die Buchstaben zu kümmern. Irgendwann im Laufe der nächsten drei Jahre kennen diese Zweijährigen alle Buchstaben und lernen dann mit fünf Jahren in der Schule rechnen, lesen und schreiben. Für sie ist der Übergang zwischen Kindergarten und erster Klasse nicht so abrupt wie für unsere Kinder.

So überzeugend fand ich diese unauffällige Methode der amerikanischen Bauklötze, daß ich zu Hause die deutschen Holzwürfel, die wir besaßen, einfach mit haftenden Buchstaben beklebt habe.

## Sandkastenbuchstaben

Statt der normalen Plastikformen, mit denen Kinder gern in der Sandkiste «Kuchen backen», gibt es auch große, halboffene Buchstabenformen. Die Kinder können nun entweder Blumen, Sterne oder andere Formen aus Sand «backen», oder sie nehmen die Buchstaben dazu. Diese Plastikbuchstaben schwimmen im Wasser, also eignen sie sich auch für die Badewanne.

## Setzkästen

Für Setzkästen gibt es kleine Buchstaben, auf dünne Plastikplättchen gedruckt, die auf eine Pappschiene gesetzt werden können. Die Größe von 1 x 1 cm ist minimal, d. h., die Kinder können die Zeichen zwar gerade erkennen, aber beim Hantieren sind die Plättchen einfach nicht griffig. Es dauert lange, bis die Kinder sie aus dem Stapel herausgeblättert haben, und es dauert lange, bis die Zeichen in der Schiene stehen. Viel besser eignen sich große Setzkästen, die z. B. der Montessori-Verlag Nienhuis neben den großen Sandpapierbuchstaben anbietet. Diese Buchstaben sind aus Holz und ca. 4 x 6 cm groß. Sie rutschen den Kindern nicht aus der Hand, sind fest und griffig und eignen sich auch zum Nachfahren (Spuren) mit einem oder zwei Fingern. Die Vokale sind blau, die Konsonanten rot, und schon durch die Farben sprechen sie die Kinder mehr an als die schwarzen Buchstaben auf weißem Grund, die es in den Schulen gibt.

## Buchstabensuppe

Als kleines Kind habe ich gern «Buchstabensuppe» gespielt. Das Spiel bestand aus kreisrunden Plastikbuchstaben, die so groß wie Knöpfe waren und auch etwa ihre Form hatten. Sie besitzen auf der einen Seite Haken und auf der anderen Seite Öffnungen, in die die Haken genau passen. So baut man Wörter als Ketten zusammen. Die Buchstaben waren mehrfach vertreten und farbig, so daß das Spiel recht reizvoll aussieht. Die einzelnen Teile sind handlich, groß genug zum bequemen Greifen und Stecken und gut erkennbar.

## Sandpapierbuchstaben

Von Maria Montessori kennen wir die Sandpapierbuchstaben. Sie hat vor etwa achtzig Jahren erstmals große Karten hergestellt, auf die sie Buchstaben aus Sandpapier klebte. Nicht nur zum Kennenlernen der Zeichen, zum Sehen und Erkennen, sondern auch zum

Fühlen und Nachfahren der Buchstabenformen wählte sie das Sandpapier. Der Kontrast zum Untergrund war sichtbar, aber auch deutlich zu spüren. In den Montessori-Kindergärten in Deutschland werden immer noch diese Sandpapierbuchstaben bereitgelegt. Sie bestehen jetzt aus festen Holztäfelchen, auf die die Sandpapierbuchstaben geklebt sind. Die Kinder sehen die Zeichen, können sie aneinanderreihen oder einfach damit spielen, aber sie schließen auch gern die Augen und fühlen einfach nur. Oder sie fahren mit dem Zeigefinger und dem Mittelfinger genau in der vorgeschriebenen Schreibrichtung auf dem Buchstaben entlang. Natürlich erklärt die Leiterin den Kindern genau, wie sie mit den Buchstaben umgehen können und wie die Schreibrichtung verläuft. Dies ist neben der Einführung der Buchstaben auch eine Vorbereitung auf das spätere Schreiben in der Schule. Die Kinder haben großen Spaß daran, die Unterschiede bei den Buchstaben auch zu fühlen.

Da die Holztäfelchen ziemlich groß sind, ca. 10 x 5 cm, können auch kleinere Kinder ohne Schwierigkeiten damit hantieren. Zusätzlich sind die Vokale auf blaulackiertem Holz und die Konsonanten auf rotlackiertem Untergrund befestigt. Dieses Material eignet sich hervorragend zur Einführung der Buchstaben, ist aber leider nur in den Montessori-Kindergärten vorhanden und sonst recht teuer über den montessorieigenen Verlag Nienhuis in Holland zu beziehen (siehe Literaturverzeichnis).

## Schreibmaschine

Im Zeitalter der elektrischen Schreibmaschine und des Computers werden viele ältere Schreibmaschinen ausrangiert. Warum sollte man den kleinen Kindern nicht ein altes Modell schenken? Sie können darauf üben und die Buchstaben einzeln kennenlernen. Sie sehen die Buchstaben, freuen sich über ihren Druck und fragen sicher eines Tages nach der Bedeutung der Zeichen. Oder sie wollen ihren Namen schreiben. Oder die Mutter schreibt jeden Abend auf der Schreibmaschine auf, was so alles passiert ist – eine Art Tagebuch. So erhält die Schreibmaschine für die Kinder einen Sinn, sie verstehen, wozu sie dient. Da sie sehen, wie die Erwachsenen sie benutzen, und da die meisten Kinder gern Erwachsene nachahmen, werden sie gern auch ab und zu «tippen».

# Lesespiele

Es gibt einige Qualitätsmerkmale, die ein Spiel bieten sollte, damit es Kinder anspricht.

1. Die äußere Ausführung des Spiels: Wie lange wird es wohl halten? Ist es stabil gebaut? Zeigt das Deckelbild etwas von dem Inneren? Sprechen die Farben des Kastens die Kinder an? Ist er zu groß, zu klein, ist das Spielmaterial innen zu sehr gedrängt oder gut aufgeräumt? Wie legt man es zusammen – gibt es einzelne Ablagefelder, so daß das Forträumen leicht wird?
2. Der Spielzweck: Hat das Spiel einen Sinn? Regt es Kinder an? Oder finden sie es wohl albern? Entspricht es der Altersgruppe? Ist es lehrreich? Wird es schnell langweilig? Wie oft kann man es spielen, ohne daß es uninteressant wird? Haben die Kinder Spaß?
3. Sind die Spielregeln gut verständlich?
4. Wie viele verschiedene Möglichkeiten gibt es, das Spiel zu spielen? Wie viele Personen können mitspielen?
5. Ist das Spiel lustig, interessant und spannend?
6. Sind die Informationen in dem Spiel sachlich richtig? Bei einer Abbildung einer «Rose» darf nicht der Anfangsbuchstabe «T» für «Tulpe» als Kartenpaar passen.
7. Wie ist die Gestaltung des Materials? Bunte, bekannte Farben sprechen die Kinder immer an. Verwirren die Abbildungen oder sind sie klar erkennbar? Gibt es viele oder wenige Teile auf den Bildern – und ist es nützlich, bei diesem Spiel mehrere abgebildete Dinge zu haben?
8. Könnte das Spiel im Kindergarten oder in der Schule Verwendung finden?
9. Ist der Preis angemessen?

Interessant ist, daß Spielverlage als untere Altersgrenze für die Spiele fünf Jahre angeben. Ich möchte hier viele Spiele vorstellen, die Sie im Handel käuflich erwerben können. Ich habe sie getestet, kann hier aber natürlich keine allgemeingültigen Urteile fällen, aber immerhin über positive oder negative Erfahrungen berichten. Nehmen Sie diesen Abschnitt also als gutgemeinten Ratgeber, Anspruch auf Vollständigkeit wird natürlich nicht erhoben.

## Erstes Lesen: Mit Tieren durchs ABC (Ravensburger)

Für jede farbig umrandete kleine Tierkarte gibt es farblich passende große Karten, die je nach Anzahl der Buchstaben aus drei bis fünf Teilen bestehen. Insgesamt gibt es 18 kleine Tierkarten, auf denen vorn das Tier abgebildet ist und hinten der Name steht. Die großen Karten müssen zu vollständigen Bildern zusammengesetzt werden, wobei auf jeder Karte unten ein (bei «Sch» drei) Buchstabe gedruckt ist. So lernen die Kinder durch das Aneinanderfügen der Tierteile gleichzeitig das Aneinandersetzen der Buchstaben. Auch ohne die Buchstaben zu kennen, können sie spielen, aber nebenbei sehen sie diese kleinen geheimnisvollen Zeichen, die zum Nachfragen herausfordern.

Wie funktioniert nun das Spiel? Alle Teilkarten liegen verdeckt in der Mitte. Jeder Spieler nimmt sich gleich viele kleine Tierkarten, die er vor sich legt. Dann darf der erste drei Teilabschnitte verdeckt nehmen. Passen sie zu seinen Karten, legt er sie unter seine kleine Tierkarte, sonst muß er sie zurückgeben. Gewonnen hat derjenige, der zuerst seine Tiere vollständig zusammengesetzt hat. Es gibt zahlreiche Varianten zu diesem Spiel, die ich nicht alle aufzählen kann.

Meine Erfahrungen: Mit diesem Spiel hat mein dritter Sohn praktisch lesen gelernt. Was kann ich Positiveres sagen? Er konnte einfach nicht mehr aufhören, das Spiel zu spielen, und wenn er keine Mitspieler fand, legte er die Tiere selbst zusammen. Das «Erste Lesen» hat ihn so sehr fasziniert, daß er es jetzt ständig mit seinen kleineren Geschwistern spielt. Die Tiere sind gut und einfach und herrlich bunt gemalt, sehr ansprechend für Kinder. Die Buchstaben sind eindeutig, deutlich und groß genug gedruckt. Die Spielregel ist klar und verständlich. Besonders gefällt mir aber, wie leicht und einsichtig das Aneinandersetzen der Buchstaben den Kindern durch die Teilabschnitte der Tierkarten vorgeführt wird. Sehr empfehlenswert!

## ABC-Spiel: Spielend das ABC lernen (Ravensburger)

Das Prinzip ist einfach: Zu jedem Buchstaben gehört das Bild eines Gegenstandes, der mit dem Buchstaben beginnt. Jedes Kartenpaar – Buchstabe und passendes Objekt – wird wie ein Puzzle zusammengesteckt, und nur die richtigen Paare passen gut ineinander. Gut durchdacht erscheint, daß auf der Rückseite der Großbuchstaben die kleinen Buchstaben stehen. Auf den amerikanischen Pakkungen ist dagegen eine vollständige Abbildung aller fertigen Puzzlepaare abgebildet, so daß sich die Kinder die Packung als Vorlage hinlegen können. Diese Arbeitshilfe fehlt auf der deutschen Pakkung. Nur durch Versuche, die vielen Teile richtig ineinanderzustecken, schaffen die Kinder es, die 26 Paare zu bilden. Und beim Start haben sie immerhin 52 Einzelteile! Trotzdem ist die Aufgabe auch ohne eine vollständige Vorlage zu bewältigen.

Meine Erfahrungen: Mit dem amerikanischen Spiel haben meine Kinder immer dann gern gespielt, wenn sie noch kaum Buchstaben kannten. Dann nämlich mußten sie sich nicht auf ihr Gedächtnis zum Abhören von Anfangsbuchstaben verlassen, hatten aber wenigstens die Vorlage. Sie legten die Paare oft, ohne zu wissen, welche Buchstaben sie gerade hielten. Deshalb habe ich mich gern dazugesetzt und ihnen ab und zu verraten, wie dieser oder jener Buchstabe heißt. Wenn meine Kleinen dann schon mehrere Buchstaben sicher erkannten, spielten sie auch gern die deutsche Version, da sie Deutsch besser sprechen als Englisch und da sie jetzt die passenden Anfangsbuchstaben der Wörter finden konnten. Denn «B» für «Baum» stimmt natürlich im Deutschen, aber im Englischen fängt «tree» mit «T» an …

Die Bilder sind klar, einfach, schön bunt und für Kinder ansprechend. Die Spielregel ist leicht verständlich, der Spielzweck motivierend und interessant. Vom Spiel geht ein gewisser Reiz aus, die Paare zusammenzufügen. Die Kinder lernen nebenbei und spielerisch. Die Wörter mit den Buchstaben sind richtig, wenn auch in einem Fall nicht leicht erkennbar (V für Veilchen). Aber es gibt eine Spielanweisung mit der Erklärung der Wörter. Ich kann dieses Spiel mit gutem Gewissen weiterempfehlen. Ein anderer Verlag bringt dieses Spiel unter dem Namen «Mein erstes Buchstabenspiel» heraus (Schmidt Spiele).

## Buchstabieren

Im Kasten befinden sich große Legekarten mit eingestanzten Feldern, auf die jeweils nur bestimmte Buchstaben passen. Das «e» hat also ein anderes gestanztes Feld als das «a». Insgesamt können die Kinder 100 Wörter mit den losen Plastikbuchstaben legen. Die Buchstaben sind schön groß (ca. 2 x 2 cm) und haben hinten genau die passenden kleinen Einbuchtungen, so daß sie nie auf ein falsches Feld gesetzt werden können. Auf jeder der Legetafeln befinden sich also mehrere Reihen, auf die mehrere Wörter gelegt werden sollen. Als Hilfestellung dient vorn die Abbildung des Wortes. Neben die Zeichnung eines Hundes legt das Kind «H-u-n-d». Die Wörter sind kurz und klar erkennbar, die Buchstaben griffig und einfach zum Hantieren.

Meine Erfahrung: Die anfängliche Begeisterung der Kinder läßt schnell nach, weil es eben nur eine Spielmöglichkeit gibt: das Setzen der Buchstaben. Andere Spiele bieten Varianten für ein oder mehrere Kinder, dieses Spiel ist eher zur Einzelarbeit geeignet. (Für die Schulen wäre es eine brauchbare Alternative zu den kleinen, unhandlichen, billigen Buchstaben der Setzkästen.) Außerdem sind 100 Wörter nach einer geraumen Zeit bekannt, und bei den Kindern setzt die Langeweile ein («Das kann ich ja schon»). Der Reiz eines Gesellschaftsspiels mit Gewinnchancen fehlt.

Dieses Spiel ist bei «Schmidt» herausgekommen. Ein Spiel gleicher Art und gleichen Namens gibt es bei den «Spear»-Spielen. Die Bilder sind etwas anders, der Spielzweck jedoch gleich und die Spielanleitung auch. Außerdem gibt es ein ähnliches Spiel von «noris», das statt der größeren Plastikbuchstaben Sperrholzbuchstaben verwendet, die ineinander verzahnt zusammengesteckt werden können.

Das «Leselotto» benutzt ebenfalls Bilder, neben die die richtigen Buchstaben in der korrekten Reihenfolge gelegt werden müssen. Dafür wird die Spielregel des «Lotto» verwendet (Ravensburger).

## Ernies ABC (Schmidt Spiele)

Ernie legt seine Buchstabenkarten zusammen. Wir erkennen, daß es eine Art Domino ist, denn auf den Karten sind Buchstaben, die nur zur Nachbarkarte gehören, nicht aber zur anderen Hälfte der Karte. So kann das Kind das ganze ABC aneinanderlegen, wenn es die Buchstaben kennt. Eine nette Idee, zumal damit wirklich Domino gespielt werden kann. Das Spiel eignet sich nicht nur zur Einzelarbeit, sondern auch für mehrere Mitspieler. Die Karten sind hübsch und ansprechend, die Spielidee ist verständlich und immer attraktiv.

## Lesetelefon (Ravensburger)

Sehr beliebt ist das Lesetelefon. Zum Spiel gehören mehrere Karten, auf denen eine Wählscheibe aufgezeichnet ist. Eine der Karten legt man auf eine Plastikwählscheibe, so daß die Kinder wie beim echten Telefon wählen können. Die Karten kann man auswechseln. Manchmal kann man nur bestimmte Buchstaben drehen, manchmal andere, manchmal nur Zahlen. Auf den Karten sind Aufgaben notiert, die die Kinder lösen dürfen. Sie können Wörter Buchstabe für Buchstabe ablesen und auf der Wählscheibe drehen. Am Ende zeigt ein Pfeil auf der Drehscheibe genau auf die richtige Abbildung, so daß die Kinder sich selbst kontrollieren können. Dieses Spiel eignet sich am ehesten für ein Kind. Durch die verschiedenen Karten bietet es eine gewisse Abwechslung. Die Gefahr besteht, daß die Kinder nach einiger Zeit alle Lösungen kennen und das Spiel, wie auch beim «Buchstabieren», langweilig wird. Merkwürdigerweise ist dieser Effekt noch nie eingetreten. Durch das «Telefon» und das Nachahmen der echten Handlung scheint das Spiel enorm faszinierend zu sein – und zu bleiben. Selbst meine Schulkinder nehmen das Spiel noch gern zur Hand.

Es ist liebevoll hergestellt. Die Idee an sich, Kinder telefonieren zu lassen, reizt sehr. Dazu kommt die farbenfrohe, schöne und eindeutige Illustration der Karten und die leichtverständlichen Aufgaben, die Kindern Spaß bringen. Das Material läßt sich gut auf- und abbauen. Empfehlenswert!

## Wer kann lesen? (Schmidts Spiele)

Dieses Spiel enthält sowohl Wortkarten als auch einzelne Buchstaben und paßt daher ebenso zu meinem nächsten Kapitel über Wortspiele. Die Kinder können hier, wie beim «Lesetelefon», die Buchstaben nach Vorlage aneinanderreihen. Mehr Spaß bringen aber die anderen Spielvariationen, die die Wortkarten einbeziehen. Da sowohl Buchstaben als auch Wörter im Spiel enthalten sind, ist es besonders einleuchtend für Kinder, die gleich den Wortaufbau und die Analyse mitlernen. Trotzdem hat das Spiel nicht den Anklang gefunden wie einige andere Spiele, die ich im nächsten Kapitel beschreibe. Aber niemand hat negative Erfahrungen damit gemacht.


## Wir lesen (Ravensburger)

Dieses beliebte Spiel werde ich noch genauer im folgenden Kapitel beschreiben (Kap. 3). Da es aber Pappbuchstaben von 1 x 1 cm Größe enthält, soll dieser Teil hier angesprochen werden. Die Kinder erhalten neben den Wortkarten auch die beweglichen Buchstaben, die auf der Vorderseite in Druckschrift, auf der Rückseite in Schreibschrift stehen. Damit können sie die Wörter der Karten nachlegen und kleine Wettspiele veranstalten. Aus dem Buchstabenhaufen ziehen sich die Spieler 20 Buchstaben und versuchen, daraus Wörter zu bilden, so daß möglichst wenig Buchstaben übrigbleiben. Der Phantasie, selbst Spielvarianten zu erfinden, sind keine Grenzen gesetzt. Vom einfachen Nachlegen bis zum komplizierten Geschichtenaufschreiben reichen die vielen Möglichkeiten. Schade, daß diese Buchstaben nur aus dünner Pappe und deshalb nicht so haltbar sind. Schön allerdings, daß sie größer sind als die Setzkastenbuchstaben der Schule.

Meine Kinder spielen sehr gern mit diesem Spiel, weil es so zahlreiche Möglichkeiten bietet. Zur Ausführung und den Varianten werde ich im nächsten Kapitel noch mehr sagen. Ich kann es aber jetzt schon wärmstens empfehlen.

# Abgewandelte Lesespiele

Besitzen Sie vielleicht Lettera, Scrabble oder Wortfix? Unter den zahlreichen Gesellschaftsspielen, die Buchstaben oder Wortkarten enthalten, habe ich diese herausgesucht, um Ihnen zu zeigen, wie Sie sie geschickt zum Lesenlernen einsetzen können.

## Scrabble (Ravensburger)

Es gibt eine Version für Erwachsene und eine für Kinder, die lesen können. Beide Versionen sind zu schwer für Leseanfänger, also für Ihr lesendes Vorschulkind anfangs nicht geeignet. Aber die Buchstaben sind aus festem Material und gut erkennbar, denn sie sind groß. Zumindest größer als die aus den Schulsetzkästen. Also können Sie die Buchstaben einzeln aus dem Kasten nehmen und für eigene Spiele gebrauchen. Was läßt sich mit Buchstaben nicht alles anfangen! Sie können sie mischen und jeweils alle «D»s heraussuchen. Sie können den Namen Ihres Kindes legen. Sie können ähnliche Buchstaben (m, w) drehen und vergleichen. Sie können Wörter aus der Zeitung nachlegen. Sie können kurze Wörter auf- und abbauen (Rose-Ros-Ro-R-Ro-Ros-Rost) oder können aus fertigen Wörtern Buchstaben austauschen (Hand – Wand). Sie können alle Spiele spielen, die ich bei den Magnetbuchstaben beschrieben habe, nur daß diesmal die Buchstaben liegen- und nicht haftenbleiben (S. 40). Außerdem haben Sie nur Großbuchstaben zur Verfügung. Aber für den Anfang ist dem Kind damit gedient. Später können Sie dann die kleinen Buchstaben einführen – das Kind wird Sie spätestens jetzt darauf aufmerksam machen, daß es noch nicht alle Zeichen kennt!

## Lettera (Ravensburger)

Auch bei diesem Spiel gibt es viele bewegliche Buchstaben, die aus Holz gefertigt sind. Sie haben ca. 1 x 1 cm Größe und sind schön stabil. Leider gibt es wieder nur Großbuchstaben, schwarz auf hellem Untergrund. Sie sind gut erkennbar und lassen sich wie oben geschildert zweckentfremdet einsetzen.

## Wortfix (Ravensburger)

Bei diesem Buchstabenspiel streiten sich die Mitspieler darum, wer aus einer gewissen Menge Buchstaben möglichst lange Wörter baut. Für Leseanfänger ist das zu schwierig, daher können Sie wieder abwandeln. Auf den Würfeln, die zu der Ausstattung gehören, sind auf den sechs Seiten sechs verschiedene Buchstaben gedruckt. So lassen sich viele Spiele aus den Abschnitten «Magnetbuchstaben» (S. 40) und «Holzwürfel» (S. 41) mit dem vorhandenen Material durchführen. Trotzdem – schön stabil und in Würfelform bieten diese Buchstaben einen gewissen Reiz für Leseanfänger.

Sie sehen, daß Sie auch vorhandenes Spielmaterial gut ausnutzen können. Allerdings sollten Sie beim Neukauf lieber auf echte Lesespiele zurückgreifen, da diese die kleinen Buchstaben mit anbieten und auf die Bedürfnisse der Leseanfänger zugeschnitten sind. Wenn Sie nichts kaufen möchten, können Sie Material aus Ihrem Alltag benutzen (die Zeitung, Plakate in der Stadt ...) und Lesespiele basteln. Das werde ich Ihnen im folgenden Kapitel näher erklären.

## Wir «lesen» die Zeitung!

Als einfaches und billiges Mittel zum Kennenlernen der Schrift bietet sich die Zeitung an. Sie liegt fast in jedem Haushalt täglich bereit und enthält große, kleine, schwarze und manchmal bunte Buchstaben. Einige sind leicht erkennbar, aber fast alle kann man sich gut merken. Wenn das Interesse am Lesen bei meinen Kindern gerade erwachte, habe ich sie gern auf die «O»s hingewiesen. Diese fast kreisähnlichen Zeichen reizen geradezu zum Anmalen. Ebenfalls eignen sich dafür alle anderen geschlossenen Buchstaben wie a, A, b, B, d, D, e, g, p, P, q und Q. Leicht zu finden sind auch die kleinen «i»s mit dem Punkt über dem Strich. Ich habe darauf geachtet, daß meine Kleinen zunächst einfache, aber nicht ähnliche Buchstaben kennenlernten. Nach dem «O» haben ich ihnen das «i», dann das «t» und dann das «s» gezeigt. Das t erinnert an ein Kreuz, das s an eine Schlange. Mit diesen Vergleichen konnten meine Kinder die Zeichen problemlos überall wiedererkennen. Ich habe mich aber später gehütet, nach dem «b» das «d» zu zeigen.

Beide Buchstaben sind sehr ähnlich. Psychologen wissen, daß es eine sogenannte «Ähnlichkeitshemmung» beim Lernen gibt. Wenn man zwei Dinge, die sich fast gleichen, zur selben Zeit lernt, verwechselt man sie oft. Das kann man als Lehrer vermeiden, indem man eine Sache früh, die andere, ähnliche, einige Wochen später zeigt. So habe ich meinen Kindern neben den anderen obengenannten Buchstaben o, i, t und s auch gleich einen dieser ähnlichen Buchstaben gezeigt: von «m» und «n» und «u» nur einen, meistens das «n», da es oft gebraucht wird. Von «b», «d» und «p» meistens das «d», weil es häufig benutzt wird. Und vom «e» und «a» eher das «e», weil es ebenfalls häufiger ist. Das «v» und das «w» sind beide nicht häufig, aber das «w» ist etwas wichtiger. So können Sie bei allen Buchstaben, die einen ähnlichen «Partner» haben, zunächst den wichtigeren erklären, bevor sie einige Wochen später den anderen zeigen.

Vielseitig und spaßig läßt sich eine Zeitung auswerten. Wenn Sie Ihren Teil gelesen haben, können Sie die Zeitung an Ihre Kinder weitergeben. Die Kleinen können

– die Buchstaben anmalen, d. h. alle, die sie kennen, anmalen oder nachspuren. Oder alle «A»s rot anmalen, alle «B»s blau. Oder eine Reihe gelb, die folgende grün;
– die bekannten Buchstaben unterstreichen, einkreisen oder durchstreichen. Mit Farbe, mit Bleistift oder anderen Stiften. Nach Farben sortiert oder einfach bunt gemischt;
– «ihre» Lieblingsbuchstaben oder Lieblingswörter ausschneiden;
– einige ausgeschnittene Buchstaben auf ein neues Papier aufkleben und erste eigene «Briefe» oder «Texte» produzieren;
– einen Teil der Zeitung hernehmen und ausschneiden. Diesen etwas längeren Text können sie in kleinere Teile zerschneiden und so ein Puzzle bilden. Das Zusammensetzen richtet sich diesmal nur nach Buchstaben;
– einzelne Buchstaben abmalen. Dabei dient die Zeitung als Vorlage für ganze Texte. Entweder malen die Kinder nur einzelne Buchstaben, oder sie «schreiben» Sätze oder kleine Geschichten. Versuchen Sie, sich daran zu erinnern, wie Sie selbst die Buchstaben schreiben. Am besten ist es nämlich, wenn Ihr Kind gleich die richtige Schreibrichtung lernt. Beim Schreiben der Buchstaben, das ja eigentlich über das Lesen hinausgeht, können sich die Kinder leicht eine andere Art des Schreibens angewöhnen als die, die sie später in der Schule lernen. Das Umlernen dauert aber länger als das Neulernen. Wenn Ihr Kind also unbedingt Buchsta-

ben abmalen will oder auch seinen Namen schreiben will, versuchen Sie, ihm gleich zu zeigen, daß das kleine «t» oben mit dem Strich beginnt und daß der Querstrich von links nach rechts gezogen wird. Sollte Ihr Kind seinen eigenen Willen behalten und konsequent eine andere Schreibart wählen, machen Sie sich deshalb bitte keine Sorgen. Es wird in der Schule umlernen, und das ist kein Problem. Nur ist es eben besser, wenn es von vornherein richtig lernt.

Sie sehen, wie viele Möglichkeiten Sie mit einer Zeitung haben – und ich bin sicher, daß Ihnen noch mehr einfallen wird. Die Zeitung ist ein billiges, praktisches und vielseitiges Mittel, die Kinder mit Spaß und Vergnügen an die Schrift heranzuführen!

## Buchstaben in der Umwelt

Überall begegnet uns Schrift. Schauen wir uns doch einmal um! Bei einem Spaziergang durch die Stadt, beim Einkaufen, beim Autofahren. Je dichter wir an ein Geschäftsviertel kommen, desto mehr Plakate finden wir an Hauswänden oder in Fenstern. Die Straßennamen, die Hausschilder, öffentliche Gebäude und Autos tragen Buchstaben und Zahlen. Wir können ihnen gar nicht entgehen. Was soll also eine Mutter tun, deren Kind nach diesen Zeichen fragt, dessen Kindergärtnerin aber noch auf dem letzten Elternabend eindringlich vor früher geistiger Förderung, besonders dem frühen Lesen gewarnt hat? Jedes einigermaßen interessierte und neugierige Kind wird irgendwann einmal nach den Buchstaben in seiner Umwelt fragen, und es ist doch völlig normal, einem Kind die Fragen zu beantworten! Die Frage zeigt ja nur, daß es weit genug ist, um sich mit diesen Dingen zu beschäftigen! Also wird es vielleicht demnächst das «P» vom Parkplatz überall wiedererkennen. Oder es wird stolz «POST» lesen oder seine ersten Buchstaben auch woanders wiedererkennen. Mein fünfjähriger Sohn Dominic kennt seinen Anfangsbuchstaben sehr gut und sah ihn auch in einem Laden auf einem Schild. «Da ist das ‹D› von ‹Dominic›! Aber was heißt das andere?» – Ich mußte wohl oder übel antworten: «Jeder Diebstahl wird zur Anzeige gebracht.» – «Was bedeutet das, Mama?» Und so folgte eine kurze Erklärung, was Diebstahl und was Anzeige in diesem Fall für den Dieb heißt. Ausgelöst durch das Wort «Diebstahl», das mit Dominics Lieblingsbuchstaben beginnt. Auf solche Ereignisse müssen Sie natürlich gefaßt sein. Aber Dominic ist jetzt zufrieden. Er hat das Problem verstanden und außerdem seinen Anfangsbuchstaben auch in anderen Wörtern wiedergefunden. Sie können ein Spielchen daraus machen: Wer findet einen bestimmten Buchstaben? Lassen Sie Ihr Kind dabei öfter gewinnen, und es wird mit wachsender Begeisterung weiterspielen!

# Lesespiele, selbstgemacht

## Das ABC-Puzzle

*Material:*
Fester, bunter Karton, Schere, schwarzer Filzstift, durchsichtige
Klebefolie; die Pappe soll einfarbig sein (gelb, blau, rot oder anders-
farbig).

*Ausführung:*
1. Auf den festen Karton zeichnen Sie 26 Felder, jedes 5 x 10 cm
   groß.
2. In jedes dieser Felder schreiben Sie links den großen Buchstaben,
   rechts den kleinen. So verfahren Sie mit allen Buchstaben des
   Alphabets.
3. Jetzt bekleben Sie die gekennzeichneten Felder mit der Folie.
4. Dann schneiden Sie die Felder aus. Jedes teilen Sie in der Mitte
   nochmals, aber immer durch einen anderen Schnitt, so daß zu
   jedem Großbuchstaben nur sein kleiner Partner paßt. Es entsteht ein ABC-Puzzle.

*Spielanleitung:*
Suche zu jedem großen Buchstaben seinen kleinen Partner, und
lege beide zusammen.

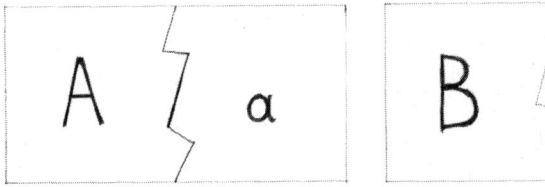

## Die ABC-Schlange

*Material:*
Sperrholz, Laubsäge, Holzfarbe, Lack, Sandpapier, Klebebuchstaben.

*Ausführung:*
Wir brauchen zwei gleich große Holzbretter, je 20 x 40 cm groß.
Das eine dient als Unterlage, in das andere sägen wir die Schlange.
Zunächst malen wir also mit Bleistift die Konturen einer langen
Schlange auf das eine Brett. Sie zieht sich über das ganze Holz
hinweg und hat 26 Felder.
1. Wir sägen die Schlange und ihre 26 Felder aus.
2. Wir malen die Umrisse der Schlange auch auf das zweite Feld.
3. Bitte die Kanten des gesägten Holzes sauber abschmirgeln mit
   dem Sandpapier.
4. Jetzt können wir die Schlange, das obere Holzbrett und die
   Umrisse der Schlange auf dem unteren Holz mit Farbe anmalen.
5. Dann leimen wir das obere Brett auf das untere.
6. Lack auf dem Holz gibt der Schlange Glanz und mehr Attrakti-
   vität.
7. Zum Schluß kleben wir auf die 26 Felder der Schlange in der
   richtigen Reihenfolge des Alphabets, anfangend beim Kopf (a)

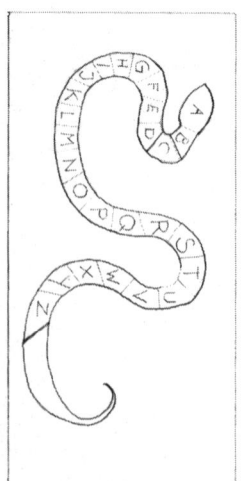

und endend am Schwanz (z), die großen
Klebebuchstaben. An das Feld unter dem
jeweiligen beweglichen Holzbuchstaben
kleben wir die kleinen Buchstaben, so daß
das Kind unter den großen Buchstaben den
passenden kleinen entdeckt.

*Spielanleitung:*
Nimm die Schlangenteile mit den Buchstaben heraus. Jetzt schau – darunter siehst du
die kleinen Buchstaben! So ist es einfach,
die großen Buchstaben zurückzulegen.

## Das ABC-Haus

*Material:*
Fester Karton, Schere, Malstifte, Klebebuchstaben, durchsichtige
Klebefolie, kleine Spielsachen, die in die «Zimmer» passen.

*Ausführung:*
1. Aus dem Karton schneiden Sie ein Haus aus, dessen Front mindestens 40 cm breit sein sollte. Die Seitenwände sind bis zum
Dach mindestens 20 cm hoch und bis zum Giebel etwa 30 cm.
2. In das Haus zeichnen Sie fünf Stockwerke zu je 4 cm Höhe, uter
das Dach noch einmal zwei Stockwerke zu je 5 cm Höhe. Diese
Stockwerke werden in Zimmer eingeteilt, also in Felder zu je
etwa 8 bis 14 cm Breite. Die Zimmer sollen unterschiedlich groß
sein, da auch verschiedene Dinge hineingehören.
3. Malen Sie jedes Feld andersfarbig als das Nachbarfeld an.
4. Jetzt können Sie die Buchstaben aufkleben. Nehmen Sie sich
dazu die kleinen Spielsachen, und kleben Sie ihre Anfangsbuchstaben in die ihnen zugedachten Zimmer. Ich habe gern Playmo-
bil-Spielzeug dafür gebraucht. Ich hatte eine Leiter, einen Zaun,
eine Kuh, ein Huhn, einen Hund, ein Auto, eine Lokomotive,
einen Anhänger und einiges mehr – also brauchte ich für
die passenden Zimmer ein großes «L», «Z»,
«K», «H», «H», «A», «L», «A» und
einige andere Buchstaben.
5. Schließlich überziehen Sie
das Haus mit Klebefolie, so
daß auch die Klebebuchstaben nicht mehr entfernt werden können.

*Spielanleitung:*
Wir gehen einkaufen. Such dir
die Spielsachen aus, die du haben möchtest! Laß sie uns vorher in das richtige Fach (Zimmer) einordnen. Die Leiter beim
«L» ... So, und jetzt wähle dir
etwas aus!

# Buchstabenmix

*Material:*
Klebebuchstaben, sehr fester Karton oder dicke Pappe, weißer Karton, Filzstifte, durchsichtige Klebefolie, kleine Haken oder Pinnwandnadeln.

*Ausführung:*
1. Auf den weißen Karton zeichnen Sie 52 Felder, 6 x 6 cm groß.
2. Auf die eine Hälfte schreiben Sie die Großbuchstaben des Alphabets, auf die andere Hälfte die kleinen.
3. Die dicke Pappe soll stabil sein und außerdem die kleinen Pinnwandnadeln tragen. Sie können sie also bunt anmalen, falls sie nicht farbig ist, oder mit bunter Klebefolie beziehen. Ich habe einfach einen alten Karton zerschnitten und beklebt, denn nur er war dick genug, um die Nadeln aufzunehmen.
4. Hängen Sie die Nadeln in fünf Reihen auf.
5. Dann hängen Sie entweder die großen oder die kleinen Buchstaben in der richtigen Reihenfolge an die Nadeln.

*Spielanleitung:*
Das Alphabet ist gemischt! Schau, ob du es ordnen und anhängen kannst. Die großen (kleinen) Buchstaben hängen schon an ihrem Platz.

Für fortgeschrittene Kinder können auch Lücken an der Pinnwand bleiben, so daß es nur etwa 10 Buchstaben vorfindet und die restlichen richtig sortieren muß.

Für ganz lesekundige Kinder können Sie alle Buchstaben mischen, so daß sie das ganze Alphabet anhängen dürfen.

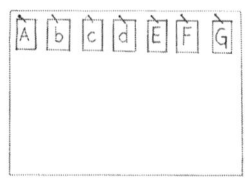

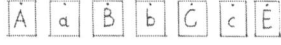

## Der ABC-Ball

*Material:*
Fester weißer Karton, Schere, Malstifte, Klebebuchstaben, durchsichtige Klebefolie.

*Ausführung:*
1. Auf den weißen Karton zeichnen Sie 26 Bälle im Durchmesser von 10 cm.
2. Die Bälle malen Sie jeweils in einer anderen Farbe an – die Farben dürfen mehrmals vorkommen.
3. Auf die Bälle kleben Sie links den Großbuchstaben und rechts den kleinen Buchstaben.
4. Dann überziehen Sie alles mit der durchsichtigen Klebefolie.
5. Jetzt können Sie die Bälle ausschneiden.
6. In der Mitte zerschneiden Sie die Bälle mit einem glatten Schnitt. Die Bälle sollen nicht anhand der Schnittstellen, sondern mit Hilfe der Farben und der Kenntnis der Buchstaben zusammengesetzt werden.

*Spielanleitung:*
Mische alle Bälle und versuche, sie wieder zusammenzulegen!

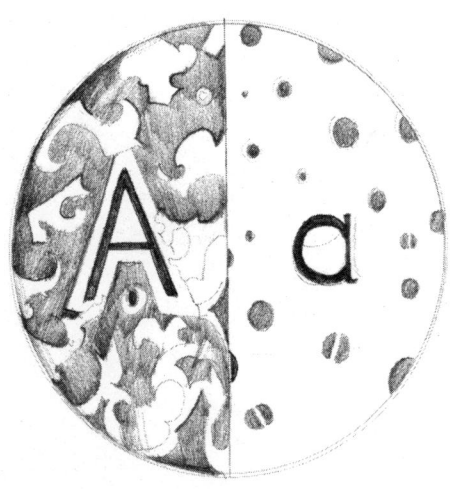

# Hobbs, das Känguruh

*Material:*
Fester Karton, Schablone eines Känguruhs und seines Babys, Filzstifte, Schere, durchsichtige Klebefolie.

*Ausführung:*
1. Auf den festen Karton zeichnen Sie mit Hilfe der unten abgebildeten Schablone 12 Känguruhs und ihre Babys. Die Känguruhs dürfen verschiedene Farben haben.
2. Auf die Babys malen Sie Namen, am besten Namen aus dem Freundeskreis Ihres Kindes und der Familie.
3. Die Anfangsbuchstaben der Namen schreiben Sie auf die Bäuche der Känguruhs.
4. Dann überziehen Sie alles mit der klebenden Schutzfolie, damit das Spiel haltbarer wird.
5. Am Schluß schneiden Sie die Känguruhs mit ihren Babys aus. In den Bauch jeder Mutter schneiden Sie einen Schlitz, in den das Baby paßt.

*Spielanleitung:*
Die Babys sind den Müttern weggehopst. Suche sie, und steck sie der richtigen Mutter in den Bauch!

## Tierquartett (!)

*Material:*
Ein Tierquartett mit Tierkarten, auf denen unter den Bildern groß und deutlich kurze Tiernamen stehen, fester Karton, Filzstifte, Klebefolie, Schere.

*Ausführung:*
1. In der Breite der Karten zeichnen Sie Felder auf den Karton, die ca. 3 cm hoch sind.
2. Auf die Felder schreiben Sie den Anfangsbuchstaben einiger Tiere. Nach der Anzahl der ausgewählten Tiere richtet sich die Anzahl der Felder und der Buchstaben.
3. Bekleben Sie die Felder mit der Folie.
4. Dann können Sie die Buchstabenkarten ausschneiden.
5. Sie passen in der Breite genau unter die Quartettkarten.

*Spielanleitung:*
Suche zu jedem Tier die Karte mit seinem Anfangsbuchstaben, und lege sie unter die Karte.

# Die ABC-Kette

*Material:*
Fester weißer Karton, Schere, Malstifte, Klebebuchstaben, durchsichtige Klebefolie.

*Ausführung:*
1. Zeichnen Sie die Glieder einer Kette auf den weißen Karton. Sie sollten mindestens einen Durchmesser von 2 cm haben.
2. Dekorieren Sie die Einzelteile hübsch, und beachten Sie, daß jedes Glied der Kette farblich zum folgenden paßt. Der Übergang zwischen zwei Perlen hat also immer dieselbe Farbe (Rot an Rot, Blau an Blau usw.).
3. Auf die Perlen kleben Sie in der richtigen Reihenfolge, die sich aus dem Alphabet und den aneinanderliegenden Farben ergibt, die Großbuchstaben.
4. Wenn Sie alles mit Klebefolie überziehen, wird es haltbarer.
5. Jetzt können Sie die «Perlen» ausschneiden.

*Spielanleitung:*
Lege dir eine hübsche Perlenkette. Immer zwei gleiche Farben müssen aneinanderliegen.

*Variation:*
Sie durchlöchern die «Perlen» und ziehen sie tatsächlich auf eine Schnur.

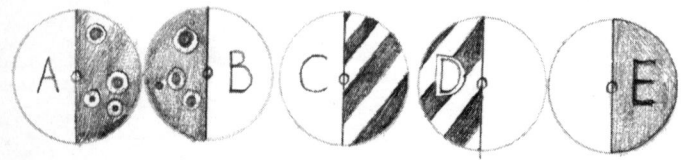

# Buchstaben-Domino

*Material:*
Fester, farbiger Karton, Schere, Filzstifte, durchsichtige Klebefolie.

*Ausführung:*
1. Auf den Karton zeichnen Sie 26 einzelne Felder, 5 x 10 cm groß.
2. Teilen Sie die Felder mit einer gestrichelten Linie in zwei gleich
   große Hälften.
3. In die rechte Hälfte schreiben Sie den großen, in die linke des
   folgenden Feldes den kleinen Buchstaben.
4. Dann bekleben Sie die Felder mit der Folie.
5. Jetzt können Sie die Dominosteine ausschneiden.

*Spielanleitung:*
Lege die Dominos aneinander. Es passen immer zwei Seiten von
nur zwei Dominos zusammen.

*Variation:*
Sie spielen mit Ihrem Kind Domino nach der bekannten Spielregel.

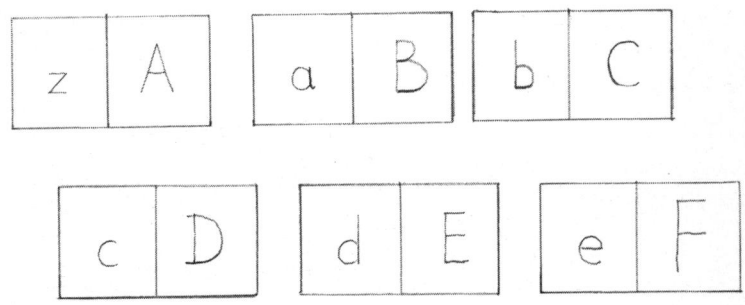

## Das ABC-Spiel, selbstgemacht

Sie erinnern sich, daß ich Lesespiele aus dem Handel vorgestellt habe. Sie können jederzeit versuchen, eines dieser Spiele selbst zu fertigen. Ich gebe Ihnen hier beispielhaft für alle käuflichen Spiele eine Bastelanleitung für das ABC-Spiel (Ravensburger).

*Material:*
Fester weißer Karton, Schere, Filzstifte oder Klebebuchstaben, durchsichtige Klebefolie, Zeitschriften mit bunten Bildern, Malstifte.

*Ausführung:*
1. Zunächst zeichnen Sie wieder 26 Felder, die 5 x 10 cm groß sind.
2. Dann suchen Sie aus den Zeitschriften 26 Objekte, die sich als Bilder für die 26 Buchstaben eignen. Für jeden Buchstaben brauchen Sie ein Bild mit dem entsprechenden Anfangsbuchstaben. Falls Sie nicht genug Bilder für alle Buchstaben finden – bei «Q» dürfte es schon Schwierigkeiten geben –, malen Sie die fehlenden Objekte.
3. Sie schneiden die Bilder aus und kleben sie auf die linke Hälfte der Felder. Falls Ihnen Bilder fehlen, malen Sie die Objekte selbst auf den Karton.
4. Auf die rechte Hälfte der Felder kleben Sie den passenden Anfangsbuchstaben, oder Sie schreiben ihn mit Filzstift darauf.
5. Dann überziehen Sie alles mit Klebefolie, damit es haltbarer wird.
6. Nun können Sie die Felder ausschneiden.
7. Damit das Puzzle für Ihre Kinder einfach zu legen ist, trennen Sie die Felder in der Mitte jeweils mit einem anderen Schnitt. Jeder Buchstabe soll nur zu seinem Bild passen.

*Spielanleitung:*
Lege das Bild zu seinem Anfangsbuchstaben. Die Teile passen genau zusammen.

## Das erste selbstgebastelte Buch

Für Kinder ist das Bücherlesen etwas ganz Besonderes. Nur Erwachsene oder größere Kinder können es. Für die kleineren ist das fast ein Statussymbol. Wenn sie auch Bücher lesen können, werden sie in den Kreis der Leser aufgenommen, endlich! Wenn Sie jetzt mit Ihrem Kind sein erstes Buch herstellen, heben Sie damit also sein Selbstbewußtsein enorm. Es kann lesen, sogar schon ein Buch! Die Freude ist groß, der Stolz unübertroffen.

Hier schildere ich Ihnen, wie Sie das erste Buch gestalten können.

Der Text ist natürlich sehr einfach. Das Kind kann bisher nur Buchstaben lesen, deshalb kommen in dem Buch auch nur Buchstaben und Zeichnungen vor. Trotzdem «liest» das Kind schon und wird sicher bald ein weiteres Buch basteln wollen!

Die Seiten des Buches schneiden Sie einfach in doppelter Größe aus, legen sie dann später übereinander und klammern sie zusammen. Zunächst aber sollen sie beschriftet werden.

Ich schlage für den Anfang einen kleinen, lustigen Text vor, den ich hier Seite für Seite notiere:

*1. Seite:*
Ali, der Affe (Ali, drei Buchstaben, daneben eine Zeichnung vom Affen, neben dem Affen ein großes A).

*2. Seite:*
Ali kann lachen (Zeichnung vom grinsenden Affen, links neben ihm das A, rechts daneben ein kleines l für lachen).

*3. Seite:*
Ali kann springen (Zeichnung, wie er springt. Links neben ihm sein A, rechts daneben ein s für springen).

*4. Seite:*
Ali kann lesen (Zeichnung, wie er liest. Links das A, rechts das l).

*5. Seite:*
Ali kann klettern (Zeichnung, wie er klettert. Links sein A, rechts ein k).

*6. Seite:*
Ali kann rutschen (Zeichnung von Ali auf einer Rutsche. Links das A, rechts das r).

*Letzte Seite:*

Ali kann essen (Zeichnung von Ali mit einer Banane, rechts das e, links das A).

Auf der Rückseite bleiben Linien frei, auf denen das Kind selbst etwas von Ali aufschreiben oder notieren lassen kann.

Die Zeichnungen von Ali können Sie aus diesem Buch kopieren, so daß Sie das Buch ohne Schwierigkeiten selbst herstellen können. Das Kind darf die Bilder anmalen. Viel Spaß beim Lesen!

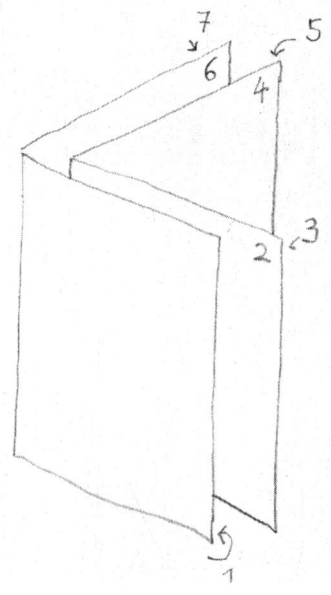

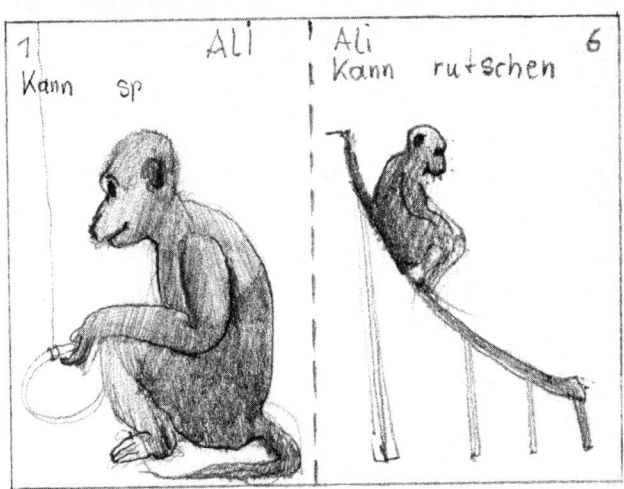

1 Kann sp ALi

ALi 6
Kann rutschen

5 Kann turnen

kann lachen 2

3 Ali kann springen

Ali kann lesen

4

7 kann essen

# 3. Kapitel:
# Wir wagen uns an die Wörter

## Anfangen

### Zur Unterscheidung der Wörter

Entweder kennt Ihr Kind inzwischen mehrere Buchstaben und möchte sie zusammensetzen, oder es hat großes Interesse an ganzen Wörtern. Ihr Kind weiß in jedem Fall, daß ein Wort aus einigen dicht zusammenstehenden Zeichen besteht und daß die Lücken zwischen den Wörtern bedeuten, daß hier ein Wort endet und ein anderes beginnt.

Sicher wird Ihr Kind bemerken, daß nicht alle Wörter gleich aussehen. Sie können ihm erste Unterschiede an den Anfangsbuchstaben zeigen. Jeder Mensch merkt sich von den Wörtern zuerst den Anfangsbuchstaben und dann den letzten Buchstaben. Danach erst achtet er auf die Teile in der Mitte. So wird Ihr Kind auch seine ersten Wörter zunächst am Anfangsbuchstaben erkennen. Daher können Sie hier erstmals auf die Buchstaben hinweisen, falls Ihr Kind noch keinen kennt.

Zur Unterscheidung der Wörter bietet sich auch die Länge an. Ein kleines Wort wie «so» ist viel kürzer als «Sonne». Der Anfang beider Wörter ist gleich und klingt fast gleich. Ihrem Kind wird deutlich, daß bei aller Ähnlichkeit das eine Wort doch länger ist und länger klingt.

Außerdem können Sie Reimwörter untereinanderlegen und immer den ersten Buchstaben austauschen: Hand, Sand, Wand, Land. Das Kind sieht, wie ähnlich die Wörter aussehen, aber es bemerkt, daß der erste Buchstabe das Wort verändert und daher sehr wichtig ist. Nur durch diesen einen Buchstaben ändert das ganze Wort seinen Sinn!

Solche und andere Übungen zeigen dem Kind, daß es viele unterschiedliche Wörter gibt. Früher oder später wird es hinter das Geheimnis kommen, daß die Buchstaben die Laute repräsentieren und jeweils anders zu neuen Wörtern zusammengesetzt werden können. Sollte das Kind sich aber zunächst nur für Wörter interessieren, wird es wenigstens merken, daß es verschiedene Wörter gibt und daß sie auch ganz anders aussehen. Wenn es eine gewisse Anzahl kennt, wird es gleiche Buchstaben in anderen Wörtern wiedererkennen – und über die kleinen geheimnisvollen Zeichen zum Lesen neuer Wörter gelangen.

### Erste kurze Wörter

Nehmen wir an, Ihr Kind möchte unbedingt lesen lernen, lehnt aber Buchstaben ab. Es will gleich ganze Texte aufnehmen. Also nehmen Sie sein Lieblingsbuch und zeigen ihm daraus einige Wörter. Bitte achten Sie darauf, daß Ihr Kind zunächst nur kurze Wörter liest, die nicht mehr als drei oder vier Buchstaben lang sind! Warum?

Wenn wir lesen, fliegen unsere Augen über die Zeilen und halten etwa drei- oder viermal kurz an. In dieser Pause erfassen wir die rechts liegenden folgenden Buchstaben im voraus, setzen sie im Kopf zusammen und erfassen so den Text. Ein Erwachsener kann höchstens elf Buchstaben in dieser Pause sehen, falls er kein Schnellesetraining mitgemacht hat. Ein Schweizer Wissenschaftler hat Erstkläßler daraufhin untersucht, wie viele Buchstaben sie denn in einer dieser Pausen erfassen. Im Durchschnitt sehen sie nur einen Buchstaben, einige wenige Kinder bis zu drei Buchstaben. Das bedeutet, daß unsere Schulanfänger ihre Wörter Buchstabe für Buchstabe langsam zusammenlesen: S-o-n-n-e = Son-ne = Sonne.

Leider haben die Fibelautoren von dieser Untersuchung wohl nichts gewußt, sonst hätten sie vielleicht mehr darauf geachtet, kürzere Wörter in ihre Fibeltexte aufzunehmen. Aber Sie als informierte Mutter können ja wenigstens jetzt, wo Sie selbst das Material für Ihr Kind aussuchen, darauf achten. Daher meine Bitte: Nehmen Sie für Ihr Kind kurze Wörter!

Und sollte Ihr Kind darauf bestehen, auch längere Wörter zu lesen, rechnen Sie mit Schwierigkeiten, und helfen Sie ihm rechtzeitig, so daß es nicht die Lust verliert.

## Buchstaben aneinanderreihen

Viel Spaß bringt das gemeinsame Bauen von immer neuen Wörtern. Dafür müßten Sie bewegliche Buchstaben haben. Nehmen Sie Magnetbuchstaben, Spielbuchstaben aus Gesellschaftsspielen, Holzbuchstaben, oder basteln Sie einfach Buchstabenkarten selbst aus farbigem Karton, Klebebuchstaben und Klebefolie. Sie können kleine Wörter legen, mit Ihrem Kind lesen und dann Buchstaben austauschen. Sie können aber auch erste sinnvolle Texte legen, die das Kind interessiert. Es bietet sich an, etwas über das Kind zu «schreiben», z. B. Martin kann wippen. Martin kann essen. Martin kann reden. Martin kann laufen. Martin kann rutschen. Martin will trinken ...

Sie können die Wörter auch nach einer Vorlage, etwa einer Zeitung, legen. Oder Sie nehmen ein Buch, «finden» geeignete Wörter mit Ihrem Kind und «schreiben» diese dann ab. Oder Sie sprechen ein Wort aus und überlegen gemeinsam, wie man das wohl schreiben könnte.

In jedem Fall wird das Spielen mit den Buchstaben jetzt interessant, weil das Kind deutlich sieht, wie beweglich sie eingesetzt werden können. Es versteht langsam, wie man mit wenigen Buchstaben sehr viel verschiedene Wörter legen kann. Und am meisten Spaß wird es ihm bereiten, Ihnen Aufträge zu geben: «Mama, schreib mal ...!» So mußte ich zahllose Lieblingswörter auf die Magnettafel legen, oft sogar ganze Sätze. Und so hatten meine Kleinen großen Spaß beim Lesen!

## Spiele mit Wortkärtchen

Für meinen ältesten Sohn Martin habe ich viele Wortkärtchen hergestellt. Diese Kärtchen habe ich nach und nach gezeigt. Sie waren groß (4 x 8 cm), weiß und mit dickem rotem Filzstift beschriftet. Alle, die er kannte, legte er auf den Boden zu Mustern zusammen. Oder er zählte nach, wie viele er schon lesen konnte. Oder er versuchte, damit Sätze zu bilden.

Ich habe mir dann einige Spiele damit ausgedacht. Ich legte einen großen Kreis mit den Karten. Martin bekam eine Spielfigur, ich auch. Er würfelte zuerst und rückte mit seiner Figur auf den ersten Karten vorwärts. Die Karte, auf der er landete, sollte er lesen – dann durfte er noch einmal würfeln. Wer zuerst am Ziel angekommen war, hatte gewonnen. Am besten spielt man dieses Spiel natürlich mit zwei etwa gleich fortgeschrittenen Leseanfängern. Martin gegen mich – er fand es bald komisch, daß ich mich dumm stellte, einige Wörter angeblich nicht lesen konnte und manchmal gegen ihn verlor.

Bei einer Variante dieses Spiels durfte er jede gelesene Karte, auf die er mit der Würfelzahl gelangt war, behalten. Ich legte dann eine andere aus dem Stapel an die Stelle. Auch hier spielte er lieber mit seinen Freunden, die auch gerade lesen lernen wollten. Oft versuchten seine jüngeren Geschwister mitzumachen und lernten so ihre ersten Wörter.

Mit den Wortkarten kann man ganze Geschichten «schreiben», und das bringt den Kindern wieder viel Spaß. Sie erzählen etwas, die Mutter schreibt es auf Karten und legt den Text dann aus. Man kann den Text dann natürlich verändern und sinnlose, aber lustige Veränderungen einbauen!

Man kann die Wörter auf den Karten nach ihrer Anzahl der Buchstaben sortieren. Alle vierbuchstabigen liegen auf einem Stapel, daneben die dreibuchstabigen usw.

Später werde ich noch mehr Spiele beschreiben, an denen auch gut mehrere Kinder teilnehmen können.

# Lesespiele mit ganzen Wörtern

## Wir lesen! (Ravensburger)

Dies ist das umfassendste Spiel, das ich kenne. Es bietet allein 27 verschiedene Spielvariationen. Auf sechs großen Karten mit neun Feldern sehen die Kinder insgesamt 54 ansprechende Objekte abgebildet. Darunter ist jeweils der Name geschrieben. Die Wörter sind meistens recht kurz, oft nur aus vier Buchstaben bestehend. Der «Nikolaus» mit seinen acht Buchstaben ist die Ausnahme. Dazu gibt es 54 kleine Karten mit den Abbildungen und den Wörtern darunter, die genau auf die Felder passen. Außerdem können die Spieler, wenn sie die Wörter sicher kennen, 54 andere Karten zur Hand nehmen, auf denen vorn nur das Wort in Druckschrift und hinten in Schreibschrift steht. Die einfachste Spielregel besagt, daß die Teilnehmer das aufgerufene Bild auf ihren großen Karten suchen. Eine Abbildung nach der anderen wird vom Stapel der kleinen Karten gezeigt und der entsprechende Platz auf den großen Karten gesucht. Wer seine Karten zuerst besetzt hat, ist Gewinner. Für Fortgeschrittene eignen sich die Wortkarten, denn jetzt fehlt das Bild als Unterstützung. Wenn die Kinder die Schreibschrift in der Schule lernen, können sie auch mit der Rückseite der Wortkarten spielen. Dies sind nur die einfachsten Spielregeln.

Da das Spiel hübsch, bunt und kindgerecht aufgemacht ist, da die Spielregeln einfach, verständlich und anregend sind, da der Spielzweck klar ist und da die Kinder so ganz nebenbei ihre ersten Wörtchen lernen, kann ich es nur wärmstens empfehlen.

## Lese-Memory (Ravensburger)

Fast jeder wird das Memory-Spiel kennen. Die Karten liegen verdeckt auf dem Tisch. Nacheinander deckt jeder Spieler immer nur zwei Karten um. Wenn er die gleichen erwischt hat, darf er sie behalten und weiter umdrehen, sonst deckt er sie wieder zu, und der nächste kommt an die Reihe. Diese Spielform gibt es jetzt auch für Leseanfänger.

Im Spiel finden wir insgesamt 144 Karten. Die Bildkarten zeigen eine Darstellung eines bekannten Objekts (z. B. einen Hasen). Auf den Wort-Bild-Karten steht unter dem gleichen Bild das Wort gedruckt. Die reinen Wortkarten bieten unter der Druckschrift auch noch die Schreibschrift. Außerdem gibt es Silbenkarten, die erst zusammengesetzt ein Bild und ein Wort ergeben (In-sel). Zu jeder Bildkarte gibt es eine Wort-Bild-Karte und eine reine Wort-karte. Das Memory kann man jetzt mit verschiedenen Karten spielen. Entweder suchen die Kinder zu den Bildkarten die Wort-Bild-Karten. Das ist einfach, da das Bild bei der Suche hilft. Oder sie spielen mit den Wort-Bild-Karten und den reinen Wortkarten. Das ist etwas schwieriger, da es nur ein Bild gibt und die Kinder die Schrift vergleichen müssen.

Die fortgeschrittene Version enthält nur Bildkarten und reine Wortkarten. Jetzt gibt es weder ein zweites Bild als Unterstützung noch den Vergleich der Schrift. Die Kinder können die Karten nur finden, wenn sie die Wörter richtig lesen.

Eine weitere Variante bietet das Silbenspiel. Hier sehen die Kinder natürlich am Bild, welche Karten passen. Sie lernen die Trennung der Wörter, und somit eignet sich dieses Spiel auch für Schüler.

Natürlich können die Kinder auch allein mit den Karten spielen und sie einfach zuordnen.

Das Spiel ist vielseitig und lehrreich. Es reizt die Kinder wegen der netten, freundlichen, ansprechenden Aufmachung und der hübschen, eindeutigen Bilder. Die Spielregel ist allgemein bekannt und der Spielzweck klar. Ich empfehle es gern weiter!


## MK-Signal (Lehr- und Lernmittel)

Dieses Spiel wird in Geschäften nicht angeboten, ich werde deshalb die Adresse des Verlages unten angeben. In den ersten und zweiten Klassen setzen die Lehrkräfte es gern für Kinder ein, die entweder schon mit ihrer Arbeit fertig sind, oder für Kinder, die beim Lesen Probleme haben und spielerische Förderung brauchen.

Im Kasten sind 40 große und feste Wortkarten, 10 x 6 cm. Die Schrift ist recht groß (2 cm hoch) und gut lesbar. Ein Satz Karten enthält Wortkarten mit Bildern auf der Rückseite. Zwei Karten können aneinandergelegt werden, und dann paßt ein Pfeil genau über beide Karten. An jeder Karte ist am Rand also ein Teil eines Pfeils gemalt – als Kontrolle, damit die Kinder ihre Fehler selbst bemerken können. Die Karten werden verteilt. Der erste Spieler legt eine Karte in die Mitte, mit der Bildseite nach oben. Die anderen

Spieler schauen nach, ob eine ihrer Karten paßt (ob z. B. ein Pfeil genau zum anderen Teil paßt). Jetzt liegt das Bild neben dem Wort. Der Spieler mit der richtigen Lösung erhält die Bildkarte und dreht die Wortkarte um, auf der jetzt ein anderes Bild erscheint. Der Spieler, der als erster seine Karten angelegt hat, gewinnt.

Der andere Kartensatz enthält 10 Wortkarten, deren erster Buchstabe unterstrichen ist, und zehn Wortkarten, bei denen der erste große Buchstabe fehlt. Die Spielregel ist die gleiche, nur diesmal sollen nicht Bild zu Wort passen, sondern Wort zu Wort – wobei dem einen Wort der erste Buchstabe fehlt.

Auch dieses Spiel erfreut sich großer Beliebtheit. Besonders das Umdrehen der Karte, das jeweils wieder eine neue Aufgabe ergibt, reizt die Kinder sehr. Da die Schrift farbig und sehr groß ist, spricht sie die Kinder an. Die Bilder sind eindeutig und gut gemalt. Ich kann dieses Spiel nur empfehlen. Zu bestellen bei: Lehr- und Lernmittelverlag GmbH & Co. KG, Stapperstr. 38, W-5138 Heinsberg-Kirchhoven.

## Wer kann lesen (Schmidt Spiele)

Dieses Spiel bietet mindestens vier Möglichkeiten, von denen es wieder zahlreiche Varianten gibt. Zunächst können Buchstaben zugeordnet werden, die großen zu den kleinen. Als weitere Variante gilt das Zuordnen der Anfangsbuchstaben zu Bildern. Wieder eine andere Möglichkeit besteht im Zuordnen ganzer Wörter zu Bildern. Und als letzte Spielidee können ganze Wörter selbst gelegt werden – das ist am schwierigsten, da vorher alle Wörter vorgegeben wurden und jetzt Wörter aus dem Gedächtnis produziert werden.

Wie auch das oben vorgestellte Spiel «Wir lesen» ist dieses sehr umfassend und deckt fast alle vorher beschriebenen Einzelspiele ab. Außerdem wird die dritte Spielvariante mit ganzen Wörtern in Schreibschrift gespielt, und Schreibschrift ist bekanntlich für Schulanfänger schwieriger als für Fortgeschrittene. Deshalb lernen die Kinder in der ersten Klasse zunächst die Druckschrift. Mit diesen Buchstabenkarten in dem Spiel fällt für jüngere Kinder praktisch die dritte Spielvariante fort, bis sie in der Schule Schreibschrift lernen.

# Lesespiele zum Basteln

### Das Frühstückspuzzle

*Material:*
Verpackungen von Lebensmitteln für das Frühstück (Corn-flakes, Haferflocken, Kakao und andere), durchsichtige Klebefolie, Schere.

*Ausführung:*
1. Schneiden Sie die Vorderseite jeder Verpackung aus.
2. Um das Spiel haltbarer zu machen, bekleben Sie die Vorderseiten mit durchsichtiger Folie.
3. Zerschneiden Sie die Seiten in Puzzleteile, am besten mit geraden Schnitten.

*Spielanleitung:*
Laß dir das Frühstück schmecken! Versuche einmal, so viele Dinge zum Frühstück wie möglich zusammenzusetzen. Lies dann ihren Namen.

## Wir wollen essen

*Material:*
Bilder aus Zeitschriften, fester Karton, Filzstifte, Schere, Klebe, durchsichtige Klebefolie.

*Ausführung:*
1. Suchen Sie Bilder aus Zeitschriften, die Lebensmittel oder fertige Gerichte zeigen: Obst, Gemüse, Frikadellen, Braten und anderes.
2. Schneiden Sie die Bilder aus.
3. Auf den festen Karton zeichnen Sie Felder von 8 x 10 cm Größe.
4. Kleben Sie die Bilder in die Felder.
5. Dann beziehen Sie den festen Karton mit der durchsichtigen Klebefolie.
6. Jetzt schneiden Sie die Bildkarten aus.
7. Zusätzlich benötigen Sie Wortkarten, die Sie auch auf den festen Karton aufzeichnen. Sie sollen 3 x 10 cm groß sein.
8. Auf die Karten schreiben Sie die zu den Bildern passenden Bezeichnungen und beziehen alles mit der Folie.
9. Wenn Sie auch die Wortkarten ausgeschnitten haben, ist das Spiel einsatzbereit.

*Spielanleitung:*
Möchtest du essen? Lege dir deine Mahlzeit zum Spielen hin, und finde den Namen, der dazugehört.

## Füttere Benny, den Bären

*Material:*
Fester Karton, ein Muster von Benny Bär (siehe Abbildung), Filzstifte, durchsichtige Klarsichtfolie, Schere.

*Ausführung:*
1. Malen Sie Benny Bär und 10 Honigtöpfe nach dem Muster auf
   den festen Karton. Die Farben bleiben Ihnen überlassen.
2. Auf jeden Honigtopf schreiben Sie ein kurzes Wort, das Ihr Kind
   kennt oder kennenlernen darf.
3. Beziehen Sie den Bären und seine Honigtöpfe mit Folie, und
   schneiden Sie alles aus.
4. Für die Tasche des Bären schneiden Sie wieder nach dem Muster
   etwas von dem festen Karton ab, malen sie an und bekleben sie
   mit Folie.
5. Die Tasche schlingen Sie um den Bauch des Bären und befestigen
   sie nach Anleitung (unten) an den passenden Punkten.

*Spielanleitung:*
Füttere Benny Bär. Gib ihm alle Honigtöpfe, deren Aufschrift du
lesen kannst!

## Wie viele Kugeln hat mein Eis?

*Material:*
Fester Karton, Muster der Eistüte und der Eiswaffeln, Filzstifte, Schere, durchsichtige Klebefolie.

*Ausführung:*
1. Zunächst übertragen Sie das Muster der Eistüte und der zehn Eiskugeln auf den festen Karton.
2. Dekorieren Sie die Kugeln und die Tüte nach Belieben. Auf die Eiskugeln schreiben Sie jeweils ein kurzes, bekanntes Wort.
3. Wegen der besseren Haltbarkeit beziehen Sie alles mit der durchsichtigen Folie.
4. Jetzt können Sie die Teile ausschneiden. Vergessen Sie nicht den Schlitz an der Eistüte, durch den die Eiskugeln passen sollen!

*Spielanleitung:*
Möchtest du ein Eis schlecken? Nimm dir all die Kugeln, deren Schrift du lesen kannst, und steck sie in deine Waffel. Wer hat die meisten Kugeln?

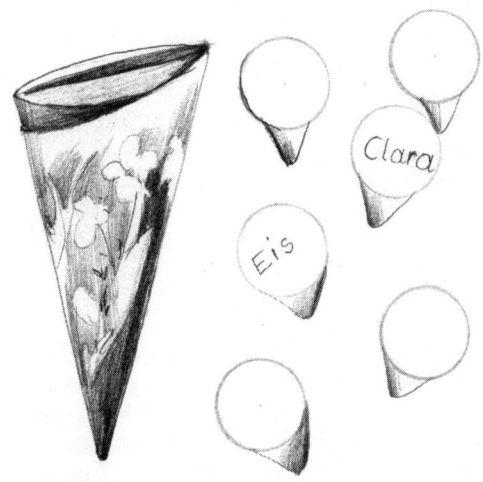

## Fahr mal mit der Eisenbahn!

*Material:*
Fester Karton, Filzstifte, Schere, durchsichtige Klebefolie.

*Ausführung:*
1. Stellen Sie eine Liste von bekannten, kurzen Wörtern zusammen.
2. Die Umrisse dieser Wörter übertragen Sie in Form einer Eisenbahn mit Waggons auf den festen Karton. Dabei beachten Sie die Höhen der Buchstaben, also das b, d und das t bekommen ein höheres Waggondach als das e, a oder u, das jeweils nur bis zur Hälfte der Buchstabenhöhe reicht. Unten sind mehrere Muster abgebildet.
3. Die entsprechenden Wörter schreiben Sie auf 2 x 5 cm große Felder.
4. Die Waggons und die Wörter bekleben Sie mit Folie.
5. Dann können Sie alle Teile ausschneiden.

*Spielanleitung:*
Lege die Eisenbahn mit den Anhängern auf dem Fußboden aus. Dann nimm dir die Wortkarten, und schau dir das erste Wort genau an. Fahre mit dem Finger seine Umrisse nach. Einige Buchstaben sind höher als andere. Findest du den passenden Anhänger für das Wort? Er muß in der Höhe zu den hohen und niedrigen Buchstaben

passen. Lege das Wort unter den Anhänger, und suche zu den anderen Eisenbahnwagen auch die passenden Wörter.

Variante:
Zur Selbstkontrolle können Sie die zwei passenden Teile, den Waggon und das jeweilige Wort auf der Rückseite mit demselben Zeichen oder mit derselben Zahl versehen. Das Kind kann dann selbst erkennen, ob es die richtige Wahl getroffen hat.

# Reimende Clowns

*Material:*
Fester Karton, Malstifte, durchsichtige Klebefolie, Büroklammern, Schere, Rasierklinge, Modell eines Clowns.

*Ausführung:*
1. Malen Sie nach dem Modell zwei Clowns auf den Karton.
2. Dann zeichnen Sie zwei zueinander passende Scheiben (Größe siehe Modell) mit Reimpaaren: Hand/Sand; so/froh; Schuh/zu; See/Tee usw.
3. Die Clowns und die Scheiben bekleben Sie mit Folie, bevor Sie sie ausschneiden.
4. Dann schneiden Sie mit der Rasierklinge einen Schlitz in jeden Mund, so daß die Scheiben beim Drehen immer ein Wort zeigen.
5. Hinter dem Clownsgesicht können Sie die Scheiben mit den Büroklammern befestigen, so daß sie drehbar werden.
6. Fertigen Sie gleich eine Anzahl Reservescheiben an, damit die Clowns auch andere Reimpaare zeigen können.

*Spielanleitung:*
Pfiffi und Kniffi sind Zwillinge. Jeder kennt einige Reimwörter. Versuche, beide Clowns so einzustellen, daß sie das passende Reimwort sagen!

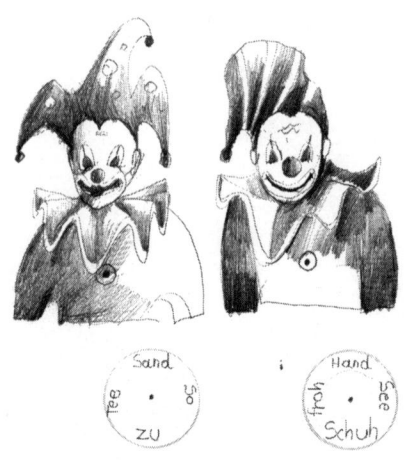

## Der Club der Schneemänner

*Material:*
Fester Karton, Muster eines Schneemanns, Malstifte, Schere, Liste einiger Reimwörter, durchsichtige Klebefolie.

*Ausführung:*
1. Malen Sie mindestens zwölf Schneemänner auf den festen Karton. Da immer vier einen «Club» bilden, können Sie auch 16 oder 20 oder mehr malen.
2. Auf ihren Bauch schreiben Sie jeweils vier Wörter, die sich reimen. In jedem «Club» gibt es vier Schneemänner, deren Wörter sich reimen.
3. Auf die Rückseiten der vier zueinandergehörenden Schneemänner setzen Sie das gleiche Zeichen, damit sich die Kinder beim Spiel selbst überprüfen können.
4. Jetzt beziehen Sie die Schneemänner mit Folie und schneiden sie aus.

*Spielanleitung:*
Finde die Freunde der Schneemänner! Immer vier gehören zu einem Club. Auf ihrem Bauch steht ein Wort, das sich mit den anderen drei reimt. Auf der Rückseite der Schneemänner, die zusammengehören, findest du dasselbe Zeichen.

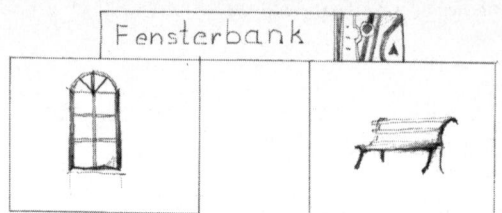

**Aus zwei mach eins**

*Material:*
Schere, Klebe, Bilder aus Zeitschriften, fester Karton, durchsichtige Klebefolie.

*Ausführung:*
1. Suchen Sie zusammengesetzte Wörter und dazu passende Bilder aus Zeitschriften. Für «Fensterbank» brauchen Sie das «Fenster» und die «Bank», für «Kaffeetafel» einmal den «Kaffee» und dann noch die «Tafel». Andere gut geeignete Wörter: Dreirad, Türschloß, Gardinenstange, Lampenschirm, Hausnummer, Gartentor, Bäckerladen, Federbett, Handstein, Duschvorhang, Stoffrest, Stofftier, Badehose, Topflappen, Fingerhut, Schiffsschraube, Straßenlaterne, Lichtschranke, Schraubenschlüssel.
2. Die einzelnen Bilder schneiden Sie aus und kleben sie auf den festen Karton. Sie sollten Karten der Größe 7 x 7 cm ergeben, können aber auch gern etwas kleiner oder größer sein.
3. Außerdem zeichnen Sie passend zu der Größe der Karten Felder (ca. 7 x 3 cm), auf die Sie die zusammengesetzten Wörter schreiben.
4. Jetzt beziehen Sie alles aus Gründen der besseren Haltbarkeit mit der durchsichtigen Folie und schneiden die Bildkarten und die Wortkarten aus.
5. Wenn Sie möchten, daß Ihr Kind seine Ergebnisse selbst überprüfen kann, notieren Sie auf der Rückseite der zwei Bildkarten und des dazugehörigen Wortes ein Zeichen oder eine Zahl – bei jeder der Dreiergruppen natürlich ein anderes Zeichen.

*Spielanleitung:*
Schau dir die Bilder gut an. Vielleicht findest du zwei, die zusammen ein neues Wort ergeben? Leg die Wortkarte, die paßt, dazu. Wenn du die Karten umdrehst, kannst du an den Zeichen erkennen, ob du richtig gewählt hast.

86

# Repariere das gebrochene Herz!

*Material:*
Rote Pappe oder roter Karton, ein Herz-Modell, Filzstifte, Schere, durchsichtige Klebefolie.

*Ausführung:*
1. Zeichnen Sie mit dem Modell als Schablone die Umrisse des Herzens zwölfmal auf den Karton.
2. Dann teilen Sie jedes Herz mit einer anderen Mittellinie.
3. Auf die linke Seite schreiben Sie den ersten Teil eines zusammengesetzten Wortes, auf die rechte den anderen. Diesmal dürfen Sie – im Gegensatz zum Spiel «Aus zwei mach eins» – Wörter nehmen, deren einzelne Wortteile sich nicht abbilden lassen, also zum Beispiel: Tretauto, Lastwagen, Knetmasse, Dachdekker, Kaminkehrer, Autorennen, Kosename, Streichholz, Waschbecken …
4. Danach beziehen Sie alles mit Folie und schneiden die Herzen aus. Die zwei jeweiligen Hälften sollen an keine andere Hälfte passen.

*Spielanleitung:*
Versuche, alle gebrochenen Herzen zu reparieren. Setze die passenden Teile zusammen.

## Tierquartett (II)

*Material:*
Ein gekauftes Tierquartett, dünne Pappe, Filzstifte, Schere, durchsichtige Klebefolie.

*Ausführung:*
1. Für einige der Tierkarten brauchen Sie Wortkarten, die Sie aus der Pappe anfertigen. Die Felder sollten so breit wie die Quartettbilder sein (normalerweise etwa 6 bis 7 cm) und ungefähr 3 cm hoch. Wenn Sie diese Felder gezeichnet haben, schreiben Sie die Namen der ausgewählten Tiere hinein.
2. Beziehen Sie jetzt die Wortkarten mit der Folie.
3. Dann schneiden Sie die Karten aus.

*Spielanleitung:*
Leg alle Tierbilder vor dir hin. Suche die Karten, deren Name zu den Tiernamen gehört.

Variante:
Wenn ältere Kinder das Alphabet lernen, können Sie die Tierbilder einmal in alphabetischer Reihenfolge auslegen. Dann schreiben Sie auf die Rückseite der Wortkarten die Zahlen von 1 bis zum letzten Buchstaben (auf der Rückseite der ersten alphabetischen Karte, z. B. «Affe», steht dann die 1, auf der letzten Karte, z. B. dem «Zebra», steht dann die höchste Nummer). So kann Ihr älteres Kind versuchen, die Karten auch noch in eine alphabetische Reihenfolge zu bringen, und es kann sich mit der Zahlenfolge selbst kontrollieren.

## Sockenmix

*Material:*

Muster einer Socke, Farbstifte, fester Karton, Schere, durchsichtige Klebefolie.

*Ausführung:*
1. Das Muster der Socke übertragen Sie mehrmals auf den festen Karton, so oft, wie Sie eben Sockenpaare herstellen möchten.
2. Malen Sie je zwei Socken gleich an.
3. Auf die Socken schreiben Sie die zwei Teile eines zusammengesetzten Wortes (Beispiele: Regenschirm, Rechenbuch, Wagenrad, Stiftzahn, Papierkorb, Taschenlampe, Regalwand, Seesack, Tautropfen, Bildschirm, Autobus, Briefwaage, Mistkäfer, Eieruhr, Kassensturz, Turmfenster).
4. Nachdem Sie die Abbildungen mit Folie überzogen haben, können Sie sie ausschneiden.

*Spielanleitung:*
In Peters Sockenschublade häufen sich die Socken, und er findet fast keine Paare mehr. Hilf ihm, die richtigen Socken zusammenzulegen. Auf der einen Socke steht immer der erste Teil eines zusammengesetzten Wortes, auf der anderen die andere Hälfte.

# Eine Zaubersuppe

*Material:*
Muster der Zauberköche mit ihren Töpfen, Pappe, Farbstifte, Schere, durchsichtige Folie.

*Ausführung:*
1. Nach dem abgebildeten Muster malen Sie die Zauberer und ihre Töpfe auf die Pappe.
2. Bekleben Sie die Figuren mit der Folie, und schneiden Sie sie aus.
3. Sie brauchen einen Schlitz im Topf, durch den die Wortkarten passen.
4. Die Wortkarten malen Sie auf die Pappe (2 x 4 cm), bekleben sie mit Folie und schneiden sie aus.

*Spielanleitung:*
Schau dir die Zauberer genau an. Sie rühren in ihren Töpfen und brauchen Zutaten. An jedem Topf befindet sich ein Schild mit zwei Anfangsbuchstaben. Schiebe die richtigen Wörter, die dazu gehören und mit den zwei Buchstaben beginnen, durch den Schlitz im Topf.

Auswahl einiger Wörter:

| Br | Gl | St | Kr | Dr | Tr |
|---|---|---|---|---|---|
| Brücke | Glas | Stein | Kreis | Drachen | Tracht |
| Brief | | Stange | Krippe | Draht | Träne |
| Brot | Gr | Stock | Kranz | drei | Traufe |
| Brezel | Gras | Stiefel | Krone | Dreck | |
| Brei | Grille | Stuhl | Kran | Dromedar | |

## Wie hoch wird der Turm?

*Material:*
Karton, Farbstifte, Schere, durchsichtige Klebefolie.

*Ausführung:*
1. Zeichnen Sie Karten von 8 x 8 cm Größe, dann welche von 7,5 x 7,5 cm, dann einige von 6 x 6 cm und so fortlaufend Karten, die jeweils 0,5 cm kleiner sind. Sie sollen Türme ergeben.
2. Beschriften Sie jeweils die Karten für einen Turm mit Reimwörtern, so daß Sie schließlich mehrere vollständige Türme aufgezeichnet haben.
3. Dann bekleben Sie alles mit der Folie und schneiden die einzelnen Karten aus.
4. Auf der Rückseite können Sie die zusammengehörenden Karten mit einem Symbol kennzeichnen, damit die Kinder sich selbst kontrollieren können.

*Spielanleitung:*
Versuche, einen Turm zu legen. Unten liegt die größte Karte, oben die kleinste. Du darfst in einem Turm nur Karten haben, deren Wörter sich reimen.

Auswahl einiger Wörter:
Bein, fein, Hain, mein, dein, sein, rein, klein, Schein, kein, Wein, Stein
Hand, Wand, Land, Rand, Sand, Band, Brand, Strand
Sonne, Wonne, Tonne
Wanne, Tanne, Kanne
Schach, flach, Bach, Krach, Dach, schwach
Bild, Schild, wild, mild.

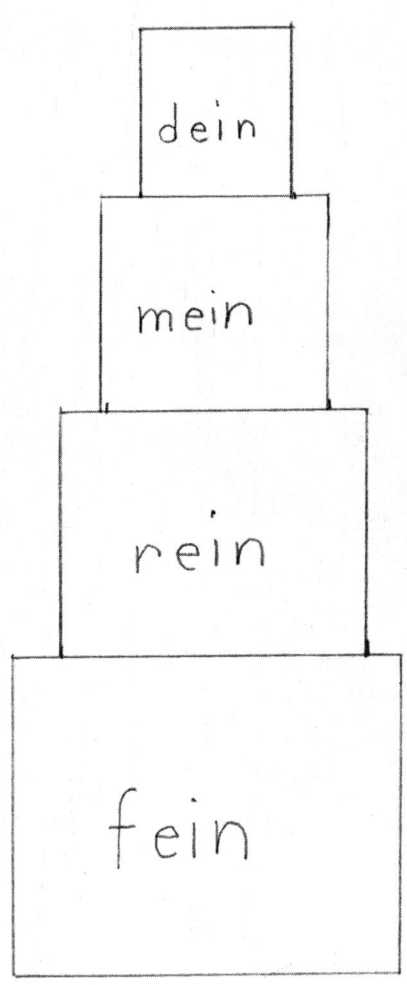

## Unser Hund ist hungrig

*Material:*
Fester Karton, Muster des Hundes, Kartenmuster, Farbstifte, Schere, durchsichtige Klebefolie.

*Ausführung:*
1. Nach dem Muster zeichnen Sie den Hund auf den Karton, ebenso seine Fleischhappen und seine Schnauze. Die Teller zeichnen Sie ebenfalls auf.
2. Die Teller müssen Sie beschriften.
3. Dann malen Sie die Teile an und bekleben sie mit Folie.
4. Nach dem Ausschneiden kleben Sie hinter den vorderen Teil der Hundeschnauze den zweiten Teil so an, daß die Kinder später die Fleischbrocken durch die Schnauze schieben können.

*Spielanleitung:*
Der Hund ist sehr hungrig. Du darfst ihm immer die Happen geben, die auf einem Teller liegen, dessen Wort du lesen kannst. Bekommst du den Hund völlig satt?

## In der Tasse ist immer dasselbe

Material:
Weiße Pappe, Filzstifte, durchsichtige Klebefolie, Schere, Rasier-klinge.

*Ausführung:*
1. Sie zeichnen zehn Tassen auf und dazu 20 Kärtchen, ca. 2 x 4 cm groß.
2. Dekorieren Sie jede Tasse, und beschriften Sie sie mit einem Adjektiv. Oben soll später ein Schlitz angebracht werden. Die Kärtchen beschriften Sie mit Adjektiven, die fast dasselbe be-deuten.
3. Dann schneiden Sie die Teile aus.
4. Oben in die Tasse schlitzen Sie mit der Rasierklinge die Öff-nung, durch die die Karten passen.
5. Zur Selbstkontrolle schreiben Sie auf die Rückseite der zuein-ander passenden Tassen und Karten das gleiche Symbol.

*Spielanleitung:*
Fülle die Tasse mit gleichen Zuckerstückchen! Zu jeder Tasse paßt nur eines ganz genau. Stecke es durch den Schlitz, und schaue auf der Rückseite nach, ob es stimmt.

# Lesespiele einmal anders

## Schilder sind überall

Je dichter wir an ein Geschäftszentrum kommen, desto mehr Schildern begegnen wir. Neben den Straßenschildern, den Autonummern und den Hausschildern bemerken kleine Kinder irgendwann auch die großen Werbeplakate oder Schrift in Schaufenstern und an Häusern. Sie können Ihr Kind selbst darauf aufmerksam machen. Sicher wird es bald nach der Bedeutung fragen, und wenn es schon einige Buchstaben kennt, kann es sie wiedererkennen. Sollte es sich gleich für ganze Wörter interessieren, bieten sich hier beste Möglichkeiten. «Straße» oder «Weg» als Teil einer Beschriftung findet sich oft auf verschiedenen Straßenschildern und läßt sich gut wiedererkennen. Auch andere Begriffe tauchen immer wieder auf: «Ziehen», «Drücken» an Türen, «Wir müssen draußen bleiben» für Hundehalter, «geöffnet von – bis», wobei die kleinen Wörter «von» und «bis» leicht zu lesen sind und an fast jedem Laden stehen. Sie werden sicher im Laufe der Zeit noch mehr Schilder entdecken, die Ihr Kind lesen lernt. Nach und nach wird es dann auch die Buchstaben finden und in anderen Wörtern entdecken.

Es gibt ja auch schon für kleinere Kinder absolut dringende Situationen, die sie erst lesend meistern können. Ich hörte einmal von einem fünfjährigen Jungen, der gerade die ersten Wörter lesen konnte. Eines Tages kündigte er im Restaurant seinem Vater an, daß er «verschwinden» wolle. «Weißt du denn, wo die Toiletten sind?» fragte der besorgte Vater. «Ja», war die stolze Antwort, «ich habe das Schild dort drüben gelesen!» Hocherhobenen Hauptes marschierte er ab und war sich der Wichtigkeit dieses Moments durchaus bewußt. Er war nicht mehr abhängig von den Hilfestellungen seiner Eltern – was die Toilette anging, war er jetzt unabhängig!

Nutzen Sie also das Einkaufen oder andere (Spazier-)Gänge, bei denen Ihnen Schilder begegnen. Sie werden erstaunt sein, wie viele es sind und wie viele Ihr Kind bald kennt.

Im Kapitel über die Buchstaben habe ich kurz einige Wettspiele zu den Schildern beschrieben. Sie eignen sich natürlich auch, wenn Ihr Kind ganze Wörter lesen will und die Schilder vollständig kennt.

## Gegenstände beschriften

Viele amerikanische Eltern beschriften ihre Möbel und andere Dinge, damit die kleinen Kinder nicht nur beim Sprechenlernen das Wort hören, sondern auch gleich sehen, wie es geschrieben wird. Diese Methode mag anfangs etwas übertrieben aussehen, hat aber viele Vorteile.

Zunächst schauen sich Kinder Dinge, deren Namen sie erfragen, sehr genau an. So erfassen sie mit dem Blick auch die Schreibweise. Es ist ganz einfach, überall unauffällig Schildchen anzubringen – auf dem Tisch, am Stuhl, am Fenster, an der Tür, an der Wand, am Schrank. Bei Zweijährigen scheint mir das etwas früh zu sein. Wenn diese Schilder aber jahrelang sichtbar sind, verbinden die älteren Vorschulkinder sie allmählich mit dem Gegenstand. Sie merken sich die Schreibweise und lernen so nebenbei einige Wörter lesen. Dies ist eine ganz billige, wunderbar einfache Methode, die sich millionenfach in den USA bewährt hat. Ich möchte Ihnen diese Methode nur schildern, ohne Kommentar, denn Sie sollen sich selbst entscheiden. Ich habe nur in einem Zimmer solche Schilder angebracht, und zwar bei meinen Kindern an den Kommodenschubladen. So konnten sie «Socken», «Hosen» und andere Wörter zur Bekleidung schnell lesen.

## Zeitung lesen

Wie im Kapitel über die Buchstaben geschildert, eignet sich die Zeitung bestens zum Lesenlernen. Sollte Ihr Kind sich anfangs mehr für Wörter interessieren, können Sie ihm kurze Texte zeigen und die Wörter erklären. Einige tauchen ständig auf, z. B. «und», «der», «die», «das» und einige andere. Sie werden Ihrem Kind bald geläufig sein. Am einfachsten ist es, die Lieblingswörter des Kindes herauszufinden und dann in der Zeitung zu suchen. Wieder kann Ihr Kind «seine» Wörter anmalen, abmalen, umkreisen, durchstreichen oder übermalen, Puzzle daraus fertigen oder sie ausschneiden und aufkleben.

Alle in dem anderen Kapitel über die Zeitung beschriebenen Spiele eignen sich auch, wenn das Kind ganze Wörter lesen möchte (S. 53).

Nutzen Sie die Zeitung als billiges, vielseitiges Mittel zum lustigen, farbenfrohen Lesenlernen!

## Das zweite eigene Buch

Ihr Kind will oder kann ganze Wörter lesen. Zwar sind es nur wenige, aber sein zweites Buch wird sehr einfach sein, so daß es die neuen Wörter bewältigen kann.

Was benötigen Sie? Papier, das Sie in der Mitte falten können, so daß je zwei Seiten eines Buches entstehen. Außerdem Fotos Ihres Kindes oder Malstifte, mit denen Sie Ihr Kind malen. Um die Seiten zusammenzuheften, brauchen Sie einen Bürohefter. Und dann kann es auch schon beginnen.

Sie sehen unten ein Modell des Buches. Auf jeder Seite sieht das Kind ein großes Bild von sich selbst. Dort wird gezeigt, was es schon alles kann. Der Text dazu ist denkbar einfach, da er teilweise auch noch aus kleinen Miniaturzeichnungen besteht.

Text:

Da ist (Name des Kindes an dieser Stelle eintragen).
(Name, z. B. Chrissi) kann (Zeichnung, was sie oder er kann: lachen).
Da ist Chrissi.
Chrissi kann lesen.
Da ist Chrissi.
Chrissi kann schaukeln.
Da ist Chrissi.
Chrissi kann springen.
Da ist Chrissi.
Chrissi kann rutschen.
Da ist Chrissi.
Chrissi kann malen.

Die einzigen Wörter, die das Kind hier liest (oder lernt), sind da, ist und kann. Was das Kind kann, wird jeweils klein in den Text gezeichnet und oben im Bild gezeigt.

Das Kind wird aus zwei Gründen sehr stolz sein. Erstens kann es jetzt ein Buch lesen, und zweitens zeigt das Buch genau, was es schon alles kann! Aus diesem Grund wird das Kind sein Buch gern und oft lesen und sich wahrscheinlich bald ein neues wünschen.

## Das dritte eigene Buch

Hier kommen ein weiterer geeigneter Text und Zeichnungen, die Sie kopieren und benutzen können.

Text:

1. Seite: Da ist x.
2. Seite: x hat einen Ball.
3. Seite: x spielt gern Ball.
4. Seite: x hat Lego.
5. Seite: x spielt gern Lego.
6. Seite: x hat eine Puppe (ein Auto).
7. Seite: x spielt gern Auto (Puppe).
8. Seite: x spielt gern.

Die neuen Wörter «spielt» und «gern» lernt das Kind jetzt. Die anderen Wörter «Ball, Lego, Auto» oder «Puppe» können Sie auch zeichnen, wenn Ihr Kind sie noch nicht lesen soll.

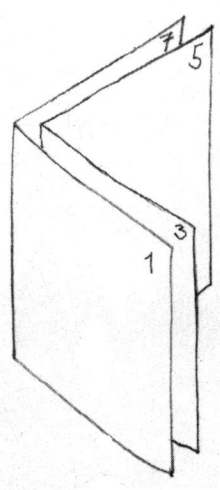

1

Da ist LISA

LISA spielt gerne Puppe

8

2

LISA hat einen BALL

LISA spielt KLavier

7

4

LISA hat ein Lego

5

LISA malt gerne

6

LISA hat eine Puppe

3

LISA hat ein Klavier

# 4. Kapitel: Bücher und Zeitschriften

## Lesebücher für Anfänger

Wenn ich Bücher für meine Kinder kaufe, richte ich mich nach einigen Maßstäben, die ich nach meinen Erfahrungen und meinem Studium für wichtig halte.

1. Das Kind soll Interesse am Buch haben. Oft wünscht sich ein Kind ein Buch, und auch wenn es mir nicht gefällt, halte ich doch das Interesse des Kindes für wichtiger als meinen Geschmack. Also schaue ich, ob irgend etwas ganz entscheidend gegen das Buch spricht – wenn nicht, kaufe ich es. Denn wenn ein Kind Interesse zeigt, sollte man dieses sofort nutzen. Damit ist sichergestellt, daß das Kind das Buch wirklich liest. Oft genug schenken Verwandte Bücher, die dann nur im Schrank stehen, weil keiner sie mag. Also versuchen Sie, das Interesse Ihres Kindes zu treffen. Das ist das wichtigste Kriterium.

2. Wie ich an anderer Stelle schon beschrieben habe, können Kinder mit einem Blick nur ein bis drei Buchstaben erkennen, wenn sie mit ihren Augen über eine Zeile gleiten. Sie lesen also in Dreierschritten, immer einen, zwei oder drei Buchstaben höchstens, dann folgt die nächste Pause. Daher sollten Bücher für Leseanfänger kurze Wörter enthalten. Oft eignen sich Kinderbücher, die Sie ihnen bis jetzt vorgelesen haben. Oft sind diese aber auch wieder mit schwierigen, langen Wörtern geschrieben. Öffnen Sie also vor dem Kauf jedes Buch, und schauen Sie, ob es kurze, leichte oder lange, komplizierte Wörter enthält.

3. Kleine Buchstaben überfordern die Kinder. Je größer der Druck,

desto angenehmer ist er für Kinderaugen. Sie bemerken die Unterschiede zwischen den Buchstaben eher und lesen lieber. Achten Sie also neben der Druckschrift auch auf die Größe der Buchstaben.

4. Die Buchstaben müssen deutlich erkennbar sein. Manchmal sieht man in Büchern verschnörkelte Buchstaben, die die kleinen Leseanfänger eher verwirren als erheitern. Was vielleicht als Dekoration oder Verzierung gedacht ist, lenkt die Kleinen nur unnötig ab. In den Erstlesebüchern sollten die Wörter klar und eindeutig, groß und kurz sein.

5. Vielleicht stößt Ihr Kind einmal an ein Wort, das nicht genauso geschrieben wird, wie man es hört. Das stumme «h» bei «Reh» wäre so ein Fall. Es ist aber noch zu früh, Ihrem Kind Grammatikregeln zu erklären. Sagen Sie einfach, daß das Wort so geschrieben wird. Wenn Sie erklären, daß das stumme «h» das «e» zu einem langen Vokal macht, wird das Kind sich nicht daran stören, aber es wird diese Regel sicher noch nicht verstehen. Die Erklärung ist also nicht schädlich, aber überflüssig. Sie werden kein Buch aussuchen können, das solche schwierige Rechtschreibung nicht enthält.

6. Die Aufmachung der Bücher spielt eine Rolle, da ein hübsches Buch das Kind eher anspricht als ein langweiliges. Kinder mögen bunte, fröhliche Farben, lustige Motive und eindeutige, klare Bilder.

7. Wie ist der Stil und die Sprache des Buches? Schon manchmal waren Eltern entsetzt über Bücher, die ihren Kindern geschenkt wurden und die ihnen gar nicht gefielen. Wie reden die Personen miteinander? Benutzt das Buch immer dieselben Wörter, oder erweitert es den Wortschatz mit neuen, gut erklärten Wörtern? Gefällt Ihnen die Ausdrucksweise? Sie sehen, daß Sie auch den Stil und die Sprache beachten müssen.

Wenn Sie diese Kriterien beachten, wird Ihr Kind die ersten Bücher gern lesen. Anfangs werden Sie ihm noch helfen und viele Wörter erklären. Einige kennt es schon, andere zeigen Sie ihm. Dann kann es sein Buch bald allein lesen, denn es weiß den Text fast auswendig und merkt sich unbekannte Wörter schnell. So wird es Spaß am Lesen haben und sicher bald nach einem neuen Buch verlangen.

# Zeitschriften für Leseanfänger

Seit geraumer Zeit gibt es Zeitschriften für Vorschulkinder. Dabei handelt es sich einerseits um Lernhefte, andererseits um echte Kinderzeitschriften. Diese sind für Leseanfänger noch zu schwierig, da die Texte lang und die Wörter manchmal kompliziert sind. Kinderzeitschriften werden normalerweise ab der zweiten Klasse angeboten.

Die Lernhefte für Vorschulkinder sind aber genau richtig für Ihr Kind! Ich möchte hier einige beschreiben.

## 1. Spielend in die erste Klasse (Tessloff)

Neben anderen Spielen, bei denen die Kinder Ähnlichkeiten, Gemeinsamkeiten und Unterschiede erkennen sollen, ist hier auch ein Lesespiel abgebildet. Die Kinder sollen große Buchstaben, die ein Tier ergeben (Hahn, Hase, Katze, Ball) in der Abbildung ebendieses Tieres wiederfinden, wobei allerdings auf dem Körper des Tieres viel mehr Buchstaben zur Auswahl stehen. Außerdem lernen die Kinder zählen, Bilder fertigmalen, Wege nachziehen, Geschichten vollenden, Figuren erkennen, Silben zählen und Reihen fortsetzen. Auf zwei Seiten beschäftigen sie sich mit den Lauten i, o, a und e. Sie sollen die Tiere, die mit einem der Laute beginnen, mit der passenden Farbe ausmalen.

## 2. Erste Schreibübungen (Tessloff)

In diesem Heft üben die Kinder, Linien gerade und nach Vorschrift zu ziehen, es enthält aber noch keine Buchstaben.

## 3. Schreiben (Tessloff)

Neben vielen Vorübungen malen die Kinder auf den letzten Seiten die ersten Buchstaben nach. So kommen sie über das Schreiben zum Lesen.

## 4. Lesespiele 1 (Lauster)

Alle Spiele in diesem Heft behandeln die Lesefertigkeit. Die ersten davon sind auch für Leseanfänger geeignet, wenn ein Erwachsener dem Kind hilft. Die weiteren Spiele sind nur für fortgeschrittene Kinder entwickelt worden – aber da Ihr Kind eines Tages auch zu dieser Gruppe gehören wird, ist die Anschaffung dieses Lernheftes in jedem Fall sinnvoll. Die Spiele sind wohldurchdacht, attraktiv, lustig und motivieren auch schlechte Schüler zum Üben. Und die ersten kleinen Spielchen, die eben auch für Erstleser gut sind, können Sie jederzeit abwandeln und so als Anregung zum Entwikkeln eigener Spiele nehmen.

# Empfehlenswerte Literatur

Die Liste wurde erstellt auf Grundlage des Beitrages
«Lesestart mit Bücherbergen» von Prof. Dr. Hans Gärtner
(Buch und Bibliothek 1/91 und 2/91).

Andersen, H. C. / L. Zwerger: *Der Schweinehirt*
Axt, Renate: *Da kam der große Bär*
Baumann, Hans: *Kasperl-Geschichten*
Block, Detlev: *Engel-Geschichten*
Block, Detlev: *Christkind-Geschichten*
Bolliger, Max / Frantisek, Chochola: *Der Goldene Apfel*
Bröger, Achim / Gantschev, Ivan: *Hallo Bär!*
Cole, Johanna / Wexler, Jerome: *Eine Handvoll Hund*
Dietl, Erhard: *Manchmal wär ich gern ein Tiger*
Dietl, Erhard: *Wie siehst du denn wieder aus*
Frank, Karlhans: *Sonntags kommt die Zauberkatze*
Frank, Karlhans / Probst, Petra: *Katrinchen und der Regenzauber*
Gärtner, Hans: *Scherzfragen*
Gärtner, Hans: *Kinderwitze 1*
Gärtner, Hans: *ABC*
Gärtner, Hans / Marta Koci: *Der Tetzi*
Galler, Helga: *Der kleine Nerino*
Gantschev, I.: *Die Arche Noah*
Grimm, Brüder / Palecek, Josef: *Die Bremer Stadtmusikanten*
Grimm, Brüder / Tharlet, Eve: *Tischlein deck dich!*
Grimm, Brüder / Tharlet, Eve: *Die Sterntaler*
Grimm, Brüder / Zwerger, Lisbeth: *Hänsel und Gretel*
Grimm, Brüder / Zwerger, Lisbeth: *Die sieben Raben*
Grimm, Brüder / Zwerger, Lisbeth: *Rotkäppchen*
Guggenmoos, Josef: *Rätsel-Geschichten*

Prokofjew, Sergej / Palecek, J.: *Peter und der Wolf*
Rettich, Margret: *Dorf-Geschichten*
Riehl, Mathias: *Zirkus Mirabelli*
Ruck-Pauquét, Gina: *Tier-Geschichten*
Scheffler, Ursel: *Zirkus-Geschichten*
Scheffler, Ursel: *Weihnachts-Geschichten*
Scheffler, Ursel: *Oster-Geschichten*
Scheffler, Ursel / Verburg, Ursula: *Der TAXI-Opa ist nicht zu bremsen*
Sperr-Monika: *Freundschafts-Geschichten*
Steinwart, Anne: *Überraschungs-Geschichten*
Stiemert, Elisabeth: *Spaß im Zirkus Tamtini*
Stiemert, Elisabeth: *Lachäpfel*
Teichmann, Dirk-Holger: *Krümel, Kunz und Okudera in der Wüste*
Tison, Annette / Taylor, Talus: *Wilhemine Clementine*
Tison, Annette / Taylor, Talus: *Neues von Wilhemine Clementine*
Uebe, Ingrid: *Vampir-Geschichten*
Uebe, Ingrid: *Spuk-Geschichten*
Uebe, Ingrid: *Dinosaurier-Geschichten*
Wippersberg, W.: *Max der Unglücksrabe*
Wüpper, Edgar: *Umwelt-Geschichten*
Wüpper, Edgar: *Umweltgeschichten. In der Stadt*

# Erstlesebücher bei Rotfuchs:

Eine Auswahl
Verstehen:
den Alltag mit
Kindern
entkrampfen
RATGEBER

 Mit
Kindern
leben
ro ro
ro ro
ro ro

C 2181/4 d